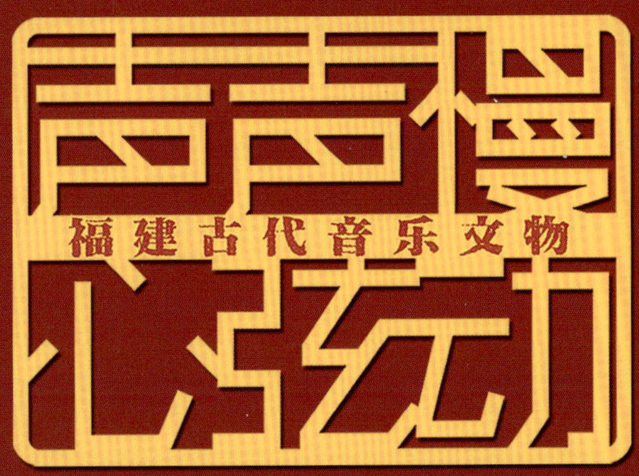

福建省文物局
福建博物院
编

海峡出版发行集团 | 海峡文艺出版社

图书在版编目(CIP)数据

声声慢 心弦动:福建古代音乐文物/福建省文物局,福建博物院编. —福州:海峡文艺出版社,2023.5
ISBN 978-7-5550-3331-8

Ⅰ.①声… Ⅱ.①福…②福… Ⅲ.①音乐—历史文物—研究—福建—古代 Ⅳ.①K875.54

中国国家版本馆 CIP 数据核字(2023)第 079141 号

声声慢 心弦动
——福建古代音乐文物

福建省文物局 福建博物院 编

出 版 人	林 滨
责任编辑	余明建
出版发行	海峡文艺出版社
经　　销	福建新华发行(集团)有限责任公司
社　　址	福州市东水路 76 号 14 层
发 行 部	0591—87536797
印　　刷	福建名彩印刷有限公司
厂　　址	福建省闽侯县甘蔗街道南兴路 7 号 C 栋
开　　本	787 毫米×1092 毫米 1/16
字　　数	160 千字
印　　张	15.75
版　　次	2023 年 5 月第 1 版
印　　次	2023 年 5 月第 1 次印刷
书　　号	ISBN 978-7-5550-3331-8
定　　价	168.00 元

编委会

展览团队

支持单位

- 福建博物院　　中国闽台缘博物馆　　福建省艺术研究院
- 福州市博物馆　　闽侯县博物馆　　连江县博物馆
  福州市长乐区郑和史迹陈列馆
  九头马古民居保护与开发管理委员会
- 厦门市博物馆　　华侨博物院
- 泉州海外交通史博物馆　　泉州市博物馆　　德化陶瓷博物馆
  晋江市博物馆　　永春县博物馆
- 漳州市博物馆　　漳浦县博物馆　　长泰县博物馆
  平和县博物馆　　华安县博物馆　　华安南阳楼民俗馆
  东山县文化体育和旅游局　　东山县博物馆　　东山县御乐轩
- 中央苏区（闽西）历史博物馆　　上杭县博物馆　　武平县博物馆
- 三明市博物馆　　永安市博物馆　　三明市沙县区博物馆
  将乐县博物馆　　清流县博物馆　　尤溪县博物馆　　泰宁县博物馆
- 莆田市文物局　　莆田市博物馆　　仙游县博物馆　　莆田南山广化寺
- 南平市博物馆　　建瓯市博物馆　　浦城县博物馆　　邵武市民俗博物馆
  松溪县博物馆
- 宁德市博物馆（闽东畲族博物馆）

福建位于中国东南沿海，西枕武夷山，东临大海。上古至秦汉时期，闽越先民留下了文化艺术创造活动的遗迹；汉晋之后，北方中原民众先后数次大规模迁入，带来较为先进的中原文化，经历代流传融合,形成了福建多元深厚的传统艺术文化积淀。

福建古代音乐文物作为福建传统艺术文化中的重要组成部分，异彩纷呈。这些音乐文物既包含大量珍贵的乐器及其用具，比如先秦的陶鼓、青铜铙、甬钟等乐器，明清时期的祭孔乐器，福建南音、莆仙戏、梨园戏、闽剧、高甲戏、芗剧（歌仔戏）、傀儡戏（木偶戏）等地方乐种、戏曲所用乐器，以及其配套使用的剧本、曲谱、服装、古戏台等装置；又有许多颇为生动的形象资料，如岩画、壁画、绘画、画像砖、砖雕、石刻、石雕、木雕、乐俑、木偶、器皿饰绘、乐书……它们蔚为大观，无不述说着福建古代音乐悠远、瑰丽、丰富的魅力。

由福建省文物局主办，福建博物院牵头省内40余家博物馆、艺术院团及相关单位共同承办的

“声声慢 心弦动——福建古代音乐文物展”，是福建省内第一个综合性音乐文物大展，集中展示了200余件（套）实物、图片、视频及相关资料，为观众打开福建古代音乐世界的大门。展览分为“万籁有声”“玉振金声”“绕梁曲声”“大音希声”四大部分：第一部分介绍何为乐器。用福建早期音乐文物和特色音乐文物来说明，人类用各种方法奏出一定音律或节奏的器具都可以称为乐器，故名“万籁有声”。第二部分介绍官方祭孔乐器。宋以来文庙依西周八音法，按金、石、土、革、丝、木、匏、竹八种质地来制作祭祀乐器。八音之中，金石为先，故名“玉振金声”。第三部分介绍民间传统乐器及用具。宋以来，民间传统戏曲、乐种、曲艺繁荣发展，各种相关的乐器及器具层出不穷，故名“绕梁曲声”。第四部分绍图像类音乐文物。“大音希声，大象无形”。这些无声之音为我们记录了古代音乐信息，弥足珍贵，故名“大音希声”。

昨日声动，今日心动。古代的音乐虽然无法亲听，但各种各样的音乐文物，却为我们追溯古代音乐生活提供了可能。如今，我们将展览集结成册，希冀通过本书让更多读者领略中华优秀传统音乐艺术的悠久历史和独特魅力。

目 录
contents

第壹章 万籁有声

音乐文物是古代人类音乐活动遗留下来的物质遗存。根据它们的基本存在方式和表现形式，我们大致可以将它们分为乐器类文物（含配套的附件或装置）以及反映音乐及相关内容的图像类文物两大类。当远古的人们通过敲打或吹响石器、木器、骨器、陶器等，发出有节奏的乐声，这便形成了原始乐器的雏形。狭义的乐器，指人类为音乐艺术制作的专用发声器具，是人类发声器官（喉咙）的延伸。广义上来说，人类用各种方法奏出一定音律或节奏的器具，都可以称为乐器。琴瑟箫笛是乐器，军阵中使用的錞于、铜鼓，狩猎用的骨哨、猎角，乃至车马铃、狗铃，也都是乐器。

◇ 陶 鼓

1974 年出土于福州市闽侯县黄土仑遗址，属于随葬明器，为泥灰硬陶。形状为腰鼓形，两端开口，中空，鼓身上部附有兽形提梁，下接喇叭形实心座。此种鼓在商周典籍中被称为“土鼓”，在祭祀农神与庆祝仲春、仲秋播种收割等仪式上，通过敲击鼓面发声，祈求风调雨顺、五谷丰收。

◎ 商代晚期

◎ 长 8.4 厘米、高 9.8 厘米、腹围 19.2 厘米、腹径 6.1 厘米、底径 4 厘米、口径 4 厘米

◎ 福建博物院藏

【延伸阅读】

鼓

鼓是人类最早发明的乐器之一，属打击乐器。早在新石器时代，鼓已产生。当时鼓被尊奉为通天的神器，主要是作为祭祀的器具。由于其有良好的共鸣作用，声音激越雄壮且能传声很远，因此在狩猎、征战等活动中常作助威之用。最初的鼓是用陶土烧制而成，称作“土鼓”；而后才逐渐演化为用原木制作鼓腔，蒙上兽皮鼓膜制成“革鼓”。后来，凡是与鼓相似的物体，均以“鼓”称之，如铜鼓、石鼓。

“鼓”字甲骨文似为一人手持桴，作击“鼓”之状。可见，在商朝时“鼓”之构字已含“敲鼓”之义。

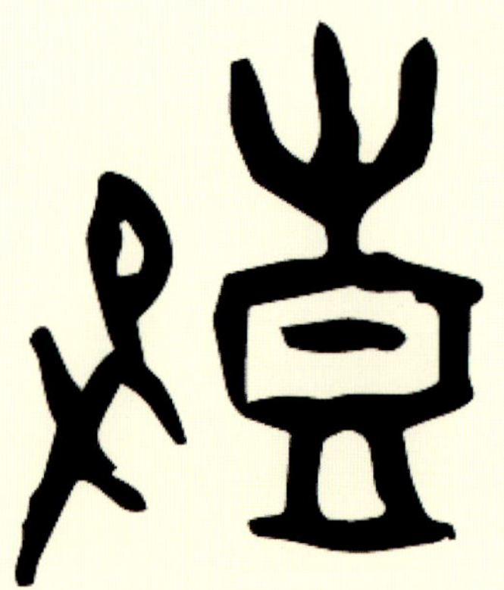

▲ “鼓”字甲骨文

◇ 铜铙

1978 年出土于建瓯市小桥镇黄窠山。外为合瓦形，中空与腹腔相通。甬为圆柱形，其上有旋。两面钲部纹饰相同，共有 36 只枚。通体布满商周时期流行的云雷纹，纹饰精美，立体感强。敲击时器口向上。

◎ 西周早期

◎ 高 76.8 厘米、口径 56.6 厘米、重 100.35 公斤

◎ 福建博物院藏

◇ 铜铙

1988年出土于建瓯市南雅乡。通体呈锈绿色，为合瓦形，中空与腹腔相通。甬为圆柱形，其上有旋。甬、旋、舞部素面无纹饰，两面钲部共有36只枚，篆间饰云雷纹及乳钉纹，鼓部可看出残留的一部分云雷纹。敲击时器口向上。

◎ 西周早期

◎ 高31厘米、底径18厘米、口径4.5厘米

◎ 福建博物院藏

◇ 铜铙

1988 年出土于建瓯市南雅镇梅村。通体呈锈绿色，为合瓦形，中空与腹腔相通。甬的上半部残缺，有旋。两面钲部共有 36 只枚，篆间饰云雷纹。敲击时器口向上，经过测音，发音较为清晰。

◎ 西周早期

◎ 高 35 厘米、甬残长 8.5 厘米

◎ 建瓯市博物馆藏

◇ 甬 钟

20 世纪 80 年代出土于武平县平川镇南门桥下。甬的上半部残缺，有旋。从甬上残痕可见，原来有可用于悬挂的干，今已不存。钲部窄长，铣棱斜直。篆间饰有云纹，正鼓部饰有双卷云纹。两面钲部共有 36 只枚，细密精致。甬钟锈蚀比较严重，音高不明确。

◎ 西周早期

◎ 残高 22.5 厘米、口径 17 厘米、腹围 40 厘米、底径 13 厘米

◎ 武平县博物馆藏

【延伸阅读】

铙与甬钟大不同

铙，外形似倒置的钟，中空、短柄，属敲击乐器，流行于商至西周时期。甬钟，合瓦形结构，因有甬柱而得名。甬钟始出现于西周早期，是在大铙形制的基础上改变演奏方式而创制的一种青铜乐器。部分铙与甬钟极为相似，演奏时都是敲击口部。不过，铙使用时，器柄或手持或置于器座上，铙体向上；而甬钟有用于垂挂的干，悬挂使用，器身向下。

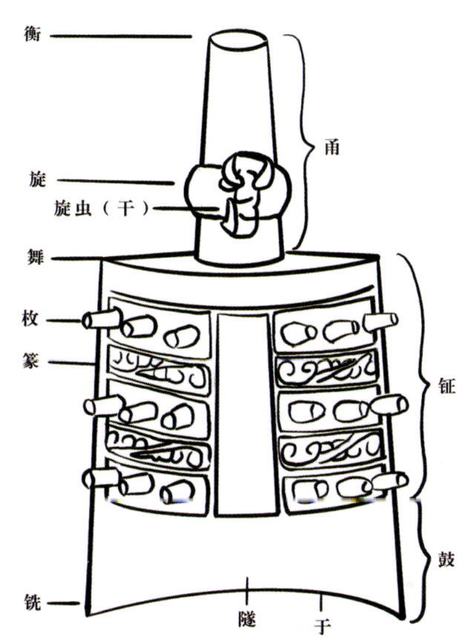

▲ 甬钟各部分名称示意图

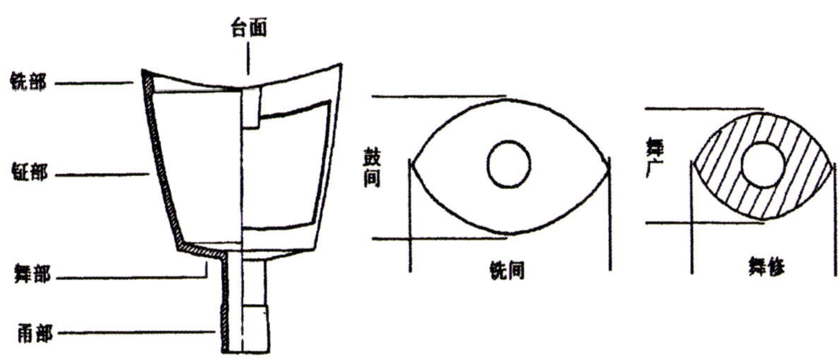

▲ 铙各部分名称示意图

◇ 铜铃

2001 年出土于漳州市龙文区朝阳镇后店村樟山自然村虎林山遗址 19 号墓。铜铃残破较严重，体合瓦形，由铃身和铃舌两部分组成。出土时铃内部发现一铃舌，上小下大。舞部当有桥形环钮，用于悬挂铃舌，已残。

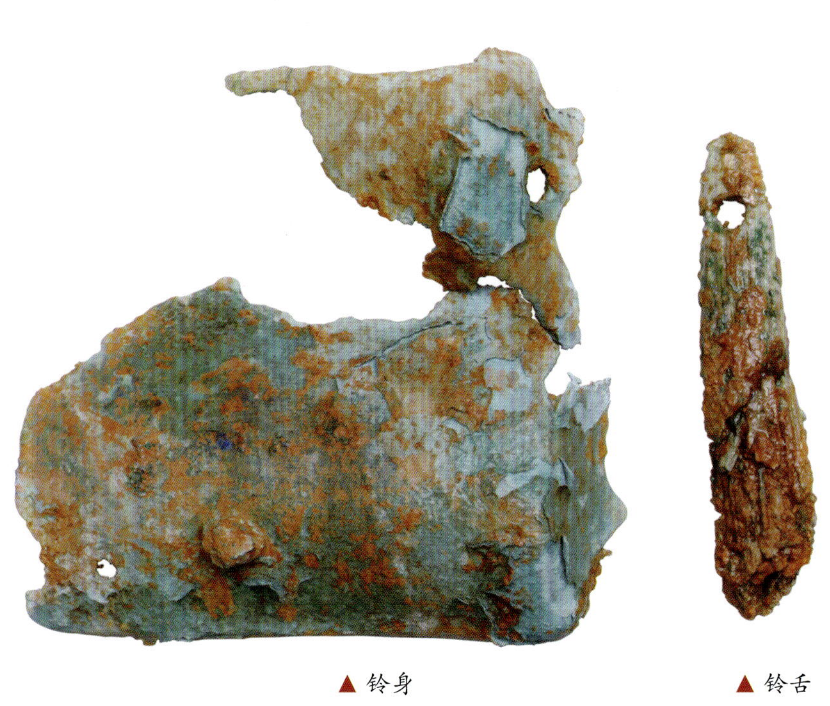

▲ 铃身　▲ 铃舌

◎ 商代晚期

◎ 铃身残高 6.6 厘米、铃舌残长 6 厘米

◎ 漳州市博物馆藏

◇ 铜铃

1974 年出土于南安市水头镇大盈村。中空，青铜质，呈钟形，器身上阴铸有不知名的图案。顶饰有一圆孔，口、腹、钮残缺大半。表面锈蚀严重。

◎ 西周

◎ 长 4.7 厘米、宽 3.5 厘米、残高 6.2 厘米

◎ 泉州海外交通史博物馆藏

【延伸阅读】

铜铃

铜铃，由陶铃演变而来，是中国最早出现的有舌青铜乐器。在商代一般作为青铜乐器使用，西周以后多作为狗铃或车马铃使用。

◇ 铜 鼓

属于典型北流型铜鼓，体型硕大厚重，鼓面、鼓身亦以弦纹分晕，晕圈窄而密集、宽窄相等。北流型铜鼓这种单一重复几何形图案的装饰艺术，在其他类型铜鼓上极为少见。

◎ 汉代

◎ 高 43.2 厘米、面径 76.7 厘米、胸围 213.7 厘米、腰围 205.1 厘米、足围 238.6 厘米

◎ 福建博物院藏

◇ 铜 鼓

属于典型麻江型铜鼓，器型小而扁矮。与其他类型的铜鼓相比，麻江型铜鼓的数量最多，从南宋到清末均有铸造，前后延续了约 800 年。这件铜鼓通体分为面、胸、腰、足四部分。鼓面中心铸太阳纹，以三弦分晕；鼓胸和鼓足以较粗的双弦分晕。

◎ 宋

◎ 高 26.3 厘米、面径 47.2 厘米、胸围 250 厘米、腰围 133.8 厘米、足径 45.7 厘米

◎ 福建博物院藏

◇ 铜鼓

属于典型麻江型铜鼓，器型小而扁矮。鼓面中央作浮雕十二角光芒。这件铜鼓通体分为面、胸、腰、足四部分。鼓面以单弦分为八晕；鼓胸、腰、足间曲线柔和，无明显的分界标志。鼓胸凸出明显，有扁耳两对；鼓足近乎垂直。鼓底部用木板封口，木板中心部位隶书“光绪丙午年霞山氏重修”，周围篆书“汉室诸葛武侯制造铜鼓”。

◎ 南宋

◎ 高 20.9 厘米、面径 45.8 厘米、胸围 156.3 厘米、腰围 126.2 厘米、足径 39.9 厘米

◎ 福建博物院藏

◇ 铜鼓

属于典型麻江型铜鼓，器型小而扁矮。鼓面中央作浮雕十二角光芒，以单弦分十晕；鼓身胸、腰、足间曲线柔和，无明显的分界标志。鼓胸和鼓足以单弦分晕。鼓胸凸出较为明显，有扁耳两对；鼓足外侈。鼓底部用木板封口，木板中心部位隶书“光绪丙午年霞山氏重修”，周围篆书“汉室诸葛武侯制造铜鼓”。

◎ 明

◎ 高 29.2 厘米、面径 50.7 厘米、胸围 1665 厘米、腰围 141.2 厘米、足径 49.7 厘米

◎ 福建博物院藏

【延伸阅读】

何为铜鼓

铜鼓是一种主要分布流传于南方少数民族地区的打击乐器，形似单面革鼓，中空无底，通体由青铜铸造而成。铜鼓分为鼓面和鼓身两大部分。其中，鼓面圆而平整，或光素无纹，或铸有太阳纹、蛙纹、十二生肖等纹饰；鼓身自上而下可以分为胸、腰、足三部分，鼓身上也常铸有各种纹饰。根据铜鼓的纹饰、工艺、年代等特点，可将它们细分为万家坝型、石寨山型、冷水冲型、遵义型、麻江型、北流型、灵山型和西盟型八种类型。

据《福建通志》记载，晋江文昌庙中的一面铜鼓，是“乾隆中吾乡人得于广东怀集县（今属广东肇庆市）者”。福建有一些地名是以“铜鼓”来命名的，如永春县城关镇的铜鼓山、政和县的铜鼓石茶场、龙岩市永定区的铜鼓寨、平和县的铜鼓村等，这说明铜鼓是福建古代一种重要乐器。

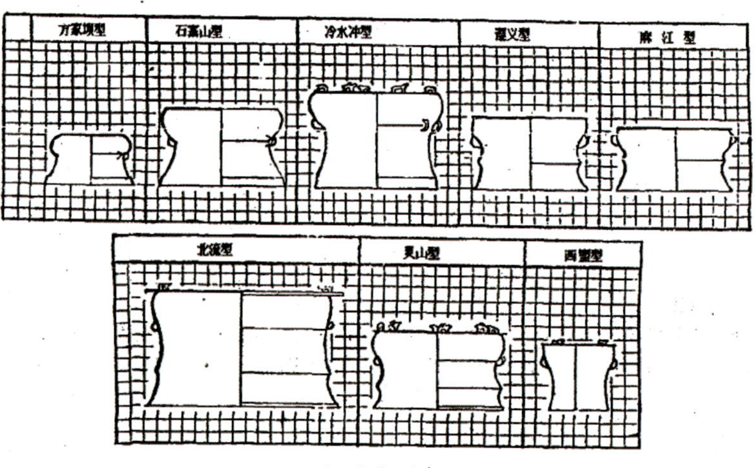

▲ 铜鼓类型表

◇ 青铜编瓯

1982年出土于建瓯市南雅乡南布村。此编瓯一套12件，铜质，呈碗形，敞口，斜弧腹渐收，圈足，每件器壁厚薄不一，其中两件残破已经修复，一件为仿制品。音阶俱全，无须加减水就能敲出悦耳而又较为准确的乐音。

◎宋　◎高约4.2厘米、口径约8.5厘米、底径约3.7厘米　◎建瓯市博物馆藏

【延伸阅读】

击奏成歌——铜瓯

铜瓯，也称“音盏”“水盏”“击瓯”，又有“缶琴”“缶碗”“铜盏”等名，是一种按音阶编列成组的碗或杯状打击乐器。击瓯在我国晋代已经很流行，史籍中屡有瓯的演奏记载，不仅能打拍子，还可以用加减水的方法调音律，并击奏成歌。清乾隆官修《续文献通考》说瓯是一种“宴乐之器”，“制以铜，击以铁箸”。1982年建瓯市南雅乡出土的青铜编瓯，是目前福建省发现的唯一古代铜瓯实物。

【扫一扫】听听福建博物院讲解员为您讲述瓯的故事吧！

第贰章 玉振金声

北宋复古之风兴盛，先秦的礼乐制度再次成为人们理想中的最高典范。宋元以来，“庙学合一”的孔庙依西周八音法，按金、石、土、革、丝、木、匏、竹八种质地来制作祭祀乐器。此时，随着中原人口的大批移入与福建海外贸易的兴盛，福建赶上并超过了其他省区，成为当时中国最先进的地区之一。经济的发展也促进了文化的繁荣。福建在传承中原儒家文化的基础上，大规模创建孔庙——它们既是官方祭祀孔子的场所，也成为培蕴国学、施教一方的重要门庭。直至今日，福建仍保存有多处孔庙（文庙），并留存有祭孔大典所用古乐器。它们制作精美，文化内涵丰富，是古代礼制文化和崇儒文化的重要体现，也为我们研究孔庙仪式的用乐规范提供了重要的参考价值。

【延伸阅读】

八音分类法

八音分类法，是我国最早的乐器分类法。周朝统治者依据制造材料的不同，将乐器分为八类，分别为金、石、土、革、丝、木、匏、竹，即八音分类法。《乐记》中有记载："土曰埙，竹曰管，革曰鼓，匏曰笙，丝曰弦，石曰磬，金曰钟，木曰柷。"说的是各音所对应的、具有代表性的乐器。

【延伸阅读】

释奠礼

释奠礼历史悠久，是中国古代在学校设置酒食祭奠先圣先师的仪式。孔子作为伟大的教育家、思想家、儒家学派奠基者，其思想理论对于中国古代礼乐教化与人伦治化具有不可替代的贡献。在历代统治者推崇下，他逐渐成为释奠礼的主要享祭者。根据文献记载，从唐代开始，固定于每年仲春（二月）、仲秋（八月）的上丁日祭祀孔子。

福建现存文庙（孔庙）概况表

序号	名称	现地点	级别
1	福州文庙	福州市鼓楼区圣庙路 1 号	全国重点文物保护单位
2	泉州府文庙	泉州市鲤城区中山中路	全国重点文物保护单位
3	永春文庙	泉州市永春县桃城镇洋上村	全国重点文物保护单位
4	安溪文庙	泉州市安溪县凤城镇大同路 141 号	全国重点文物保护单位
5	漳州府文庙	漳州市芗城区修文西路 2 号	全国重点文物保护单位

序号	名称	现地点	级别
6	漳浦文庙	漳州市漳浦县绥安镇东大街	全国重点文物保护单位
7	仙游文庙	莆田市仙游县鲤城街道城内街师范路 1 号	全国重点文物保护单位
8	建瓯文庙	南平市建瓯市仓长路 163 号	全国重点文物保护单位
9	闽清文庙	福州市闽清县梅城镇南北大街	省级文物保护单位
10	同安孔庙	厦门市同安区三秀路 216 号	省级文物保护单位
11	惠安文庙	泉州市惠安县螺城镇西北街城隍口 5 号	省级文物保护单位
12	平和文庙	漳州市平和县九峰镇平和二中内	省级文物保护单位
13	汀州文庙	龙岩市长汀县汀州镇兆征路 20 号	省级文物保护单位
14	上杭文庙	龙岩市上杭县临江镇解放路	省级文物保护单位
15	漳平文庙	龙岩市漳平市菁城街道八一路	省级文物保护单位
16	永安文庙	三明市永安市大同路 123 号	省级文物保护单位
17	黄石文庙	莆田市荔城区黄石镇水南村	省级文物保护单位
18	屏南文庙	宁德市屏南县双溪镇双溪村	省级文物保护单位
19	螺洲孔庙	福州市仓山区螺洲镇吴厝村	市级文物保护单位
20	海澄文庙	漳州市龙海区海澄镇龙海二中内	市级文物保护单位
21	永泰文庙	福州市永泰县樟城镇西门街县府路	县级文物保护单位
22	诏安文庙	漳州市诏安县南诏镇城内街	县级文物保护单位
23	宁洋文庙	龙岩市漳平市双洋镇小学内	县（市）级文物保护单位
24	永定孔庙	龙岩市永定区人民政府大院内	县级文物保护单位
25	尤溪文庙	三明市尤溪县城关	县级文物保护单位
26	崇安文庙	南平市武夷山市人民政府大院内	县（市）级文物保护单位

数据来源：陈忻《福建现存孔庙述略》，《福建文史》2007 年第 4 期；福建古建筑丛书编委会：《福建古建筑丛书 • 文庙书院》，福建教育出版社 2020 年版。

第一节

金类乐器

周代的金类乐器，多指青铜打造的打击乐器，比如钟、镈、钲、铎、铙等。到了宋代，祭孔所用的金类乐器一般是指青铜乐钟，包括镈钟、编钟等。在祭孔乐舞中，镈钟击于每曲之始，编钟击于每句之始，所谓“金声”者，始条理也。

一 镈钟

镈钟是古代一种大型单体打击乐器，可特悬（单独悬挂）在钟悬上，又称“特钟”。它大约出现于西周中晚期，顶部无柄而有钮，形状略如钮钟，但形体较大，钟腔腹部略微鼓出，横截面呈椭圆形，平口，为单音钟。自春秋中期以后，可以演奏乐曲的小型编镈逐渐流行。唐宋以后，镈钟一般是指用以定音的、凹口的大型甬钟。在孔庙乐舞中，乐奏每曲之前，听击柷三响后，即敲击镈钟一声，以引发众音。

◇ 泉州府学铸钟

为泉州府文庙举行祭祀大典时所用礼乐器。钟呈圆柱形，竹节形花状柄，器身有规则地分布有多条横直凸线弦纹。圆柱形长枚 72 只。正面钲部铸阳文“道光著雍困敦如月之吉”，背面钲部铸阳文“贡生康济时敬置”，正面左侧鼓部阳线铭文“甬水冶坊”，背面右侧鼓部阳线铭文“协和号造”，舞部阴刻“泉州府学”。

◎清

◎高 75.6 厘米、外口径 26.3 厘米、内口径 23.8 厘米、厚 1.1 厘米、腹围 77 厘米

◎中国闽台缘博物馆藏

编钟

编钟属打击乐器。它由一系列铜制的、大小不同的甬钟或钮钟按一定音列次序悬挂在架子上，用大小不一的木槌击奏发音。其中，甬钟长柄并有挂环；钮钟没有长柄，只有挂环。

编钟多用于宫廷雅乐，是我国古代大型乐队中的重要乐器之一。不同时期编钟的编制、形制不一，枚数也有异。西周至春秋战国时期，是编钟发展的鼎盛阶段。这一时期，编钟大小不一，形制上以平顶、凹口、侈铣的合瓦形双音钟体为主。西周早期编钟多为3件一组；西周中后期多为8件制；春秋战国时期数量不定，多者如曾侯乙墓编钟，数量达64件。

唐宋以来，“钟”“镈”不分，不少凹口的编钟也逐渐改用平口的编镈形制，大多为16件一套，大小近乎相同，只发单音，靠薄厚来改变音高。在祭孔乐舞中，乐章每句开始时，编钟先击一响，以引发众乐齐鸣。

◇ 上杭孔庙编钟

为龙岩市上杭县县城孔庙祭器。这 6 件编钟形制相近，舞部铸双龙戏珠钮；钟体近舞部饰一周三角形云纹；钟体中部饰蛟龙海水纹图案；于口饰一周三角云纹，间有 5 个圆形凸起，作为敲击演奏的标志。正面分别铸有铭文“倍夷则编钟”“倍无射编钟”“姑洗编钟”“应钟编钟”“林钟编钟”“大吕编钟”，背面均铸有铭文“甲申秋月”。

◎ 明

◎ 高 25 厘米、口径 14 厘米

◎ 上杭县博物馆藏

◇ 兴化府文庙编钟

为莆田兴化府文庙举行祭祀大典时所用礼乐器，现存有12件。编钟形制相近，舞面上置蒲牢形钮；钮下方舞部有一圆孔，与腔体相通；舞部下有一周菱形雷纹；鼓部有一周菱形纹饰，并有几个圆形凸起，作为敲击的标记；钟体中部装饰有所不同，可分为两式，一式钟体中部饰有饕餮纹四组，另一式钟体中部饰有饕餮纹三组和铭文一组，内容为“隆庆六年岁次壬申正月吉旦　兴化府知府林有源　同知钱穀　通判邓邦基　推官邵城　莆田县知县孙谋　仙游县知县张昴　兴化府儒学教授肖振谋　训导徐鹰　虞文萡　李韶”。

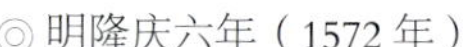

◎ 明隆庆六年（1572年）

◎ 高22.9厘米、口径16.7厘米

◎ 莆田市博物馆藏

◇ 泉州府文庙编钟

康熙统一台湾之后，改置台湾府，属福建省管辖。这两件编钟是清同治六年（1867 年）泉州府文庙举行祭孔典礼时，台北孔庙派人员到泉州致祭并赠送的，是闽台两岸文化交流的历史见证。

◎ 清同治六年（1867 年）

◎ 高 20.3 厘米、口径 16.1 厘米

◎ 泉州市博物馆藏

石类乐器

石类乐器，指制作材料主要为石（石灰石、青石、玉石等）的打击乐器。在古代石类乐器中，“磬”占大多数。石类乐器历史非常悠久，出现年代可追溯到母系氏族社会。当时的人们常常会在猎取劳动成果后，敲击石头，以其清脆悦耳的声音来烘托气氛。这些石头被称为“石”“鸣球”等，是磬最初的原型。磬出现以后，被广泛用于历代统治者的各种宫廷场合的音乐中。在祭孔乐舞中，以编磬一响以示乐章每句收音，以特磬一声而告乐终。即编磬每句一击，特磬每曲一击，以“玉振”协律。

磬

磬作为石质打击乐器，在新石器时代已有使用。早期的石磬表面粗糙，系石片打制而成，因而每只磬的外形各不相同，往往单件使用，称为“特磬”。

到了商代，随着磨制技术的不断进步，磬的表面逐渐变得光滑，一些磬的表面还有特定的造型与纹饰。商代晚期，出现了成编使用的编磬，它们悬挂于架上，用木槌敲击发出声音。先秦时期，磬为倨句形，下呈微弧形。汉代以后，上、下均为倨句形。早期编磬以磬体大小来区别音高，宋代始出现磬体大小相同、通过厚薄来区别音高的编磬。它们一套16枚，分上、下两层同悬于一架子上，敲之发出不同乐音，对应十二律加四个半音。这种“新制”一直延续到了清代。清代，部分“特磬”和编磬一样成编制作，数量为一套12枚，以应十二律，随月用律单个使用，尺寸大于编磬，且大小相次、厚薄不一。另外，磬最初多为石制，随着时代的发展质地亦有变化，从单一的石制扩展至玉制、铁制、铜制等。

◇ 兴化府文庙编磬

为莆田兴化府文庙祭祀时所用的打击乐器。现存 13 件，形制相同，大小相差不大，石质，灰褐色，石质细腻，两面光素无纹。整体呈曲尺形，上呈倨句，底边接近直角形。

◎ 清

◎ 鼓上边约 37 厘米、鼓下边约 25.5 厘米、股上边约 24.5 厘米、股下边约 12.5 厘米、厚约 2.3 厘米

◎ 莆田市博物馆藏

◇ 铜编磬

为清代祭祀和宴享奏乐时的打击乐器。这两件编磬器型相同，局部呈铜锈绿色，曲尺形。此编磬的材质较为特殊，为青铜铸造。因此，敲击它发出的声音与普通玉石制作的磬不同，声响更加洪亮，音色极具金属感。

◎清

◎其一

鼓上边 31 厘米、鼓下边 22.7 厘米、股上边 21.7 厘米、股下边 13.4 厘米、厚 1.6 厘米

◎其二

鼓上边 30.7 厘米、鼓下边 22.9 厘米、股上边 21.2 厘米、股下边 13.4 厘米、厚 1.5 厘米

◎莆田市博物馆藏

◇ 泉州府学文庙编磬

为泉州府文庙祭祀时所用的打击乐器。石质，整体呈曲尺形，倨孔较小。鼓股分明，鼓部窄长，股部短宽。股上边阴刻铭文“泉州府学文庙编磬”，鼓上边阴刻铭文“同治辛未春丁董事职监倪逢寅敬”。

◎清同治十年（1871 年）

◎鼓上边 32 厘米、鼓下边 18.4 厘米、股上边 24.4 厘米、股下边 14.9 厘米、厚 2.3 厘米

◎中国闽台缘博物馆藏

◇ 编磬

为泉州府衡文殿祭祀时所用的打击乐器。整体呈曲尺形，倨孔较小。鼓股分明，鼓部窄长，股部短宽。磬体表面两侧均阴刻铭文“泉郡衡文殿”，鼓上边阴刻铭文“光绪十九年乐生李书玉敬”。

◎ 清光绪十九年（1893 年）

◎ 鼓上边 22.9 厘米、鼓下边 14.4 厘米、股上边 15 厘米、股下边 6.6 厘米、厚 2 厘米

◎ 中国闽台缘博物馆藏

第三节

土类乐器

土类乐器是用陶土烧制而成，有吹奏乐器，如埙；也有打击乐器，如缶等。缶本是用来装酒的容器，古代也曾用来敲击节歌。根据文献记载，在西周或者更早时期，缶就作为乐器使用，但一般不用在正式音乐场合。因而，祭孔乐器中的土类乐器主要为埙。

一 埙

埙，吹奏乐器，是我国最古老的乐器之一。传说尧舜时已有埙，为暴幸公所做。根据目前的考古资料判断，距今七千年左右就有埙的出现，主要集中在陕西的泾河、渭河以及甘肃东部地区，多是一音孔或二音孔埙。

夏商时期的陶埙较远古时代已有了较大的发展，工艺精细，形制渐趋规范，音乐性能也有了较大提高。夏代以三音孔埙居多，主要有鱼形、圆形、动物形、椭圆形等；晚商时期以五音孔埙居多，形状基本定型，为平底卵形。

到了秦汉时期，埙的形制更加复杂，出现了六音孔埙（前四后二），异型埙、人首埙、兽首埙也较为常见。随着制陶工艺的不断改进，唐代以后，陶埙越来越注重装饰。

宋代，木埙逐渐盛行，并大有代替陶埙之势；但由于当时的统治者认为木埙有违八音古制，被明令禁止使用，因此没有流传下来。明代的《三才图会》中也有关于埙的记载。至清代，埙的装饰工艺更加精进，出现了精美的漆埙。此时的埙，音孔一般仍为六个，音色悠深、悲凄，奏出的音调更为丰富。吹奏时，双手捧埙，下唇贴吹孔，两手拇指分别按背面的第五、六按音孔，两手中指、食指按正面的第一、二、三、四按音孔，从音孔全按吹出胴音起，放开一按音孔高一个音，音孔全开为最高音。

◇ 泉州府文庙埙

为泉州府文庙祭祀时所用的吹奏乐器。陶质，制作精美。表面髹红漆，绘金龙云纹。埙顶有一吹口，按音孔前二后四。

◎ 清

◎ 高 13 厘米、宽 9 厘米

◎ 中国闽台缘博物馆藏

第四节

革类乐器

革类乐器，是指用动物皮革所制的打击乐器。金类、石类等乐器本体一般都是用单一材料制成，而革类乐器制作材料较为独特，不仅包括兽皮，还有木及陶土等其他材质。在八音分类中，革类乐器分鼓和鼗两类。《尔雅》云："大鼓谓之鼖，小者谓之应；大鼗谓之麻，小者谓之料。"用槌敲击者曰鼓，用手摇的为鼗。鼗，即后世拨浪鼓，形制较小。

一 搏拊

搏拊，亦称“搏”或“拊”，属古代八音中的革类乐器。《尚书·益稷》：“戛击鸣球、搏拊、琴瑟，以咏。”《释名·释乐器》：“搏拊，以韦盛糠，形如鼓，以手拊拍之。”《明会典》：“搏拊二，其形如鼓，长一尺四寸……”从文献记载可知，搏拊是一种在皮革囊中填满谷糠的、用手拍击的体鸣乐器，主要用于伴奏歌唱。宋代以后，元、明、清各朝雅乐皆用搏拊。明代，搏拊改制为膜鸣类皮鼓乐器。

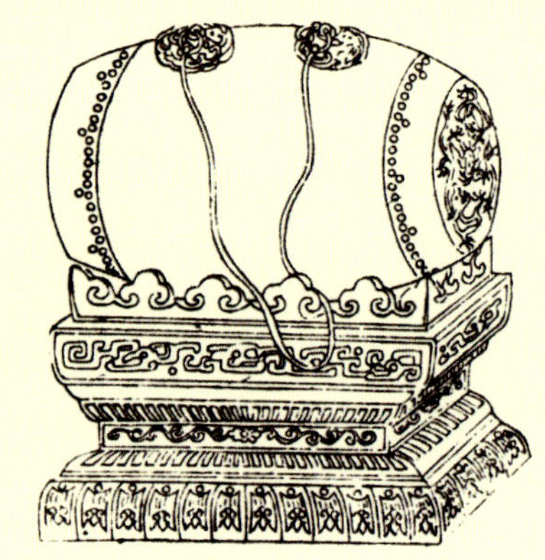

▲ 清代《御制律吕正义后编》搏拊图

▲ 北宋陈旸《乐书》拊图

◇ 泉州府学搏拊

为泉州府文庙祭祀时所用的打击乐器，置于长方形鼓架上敲击演奏。鼓体一面置两个吊钮，吊环缺失。吊钮右侧阴刻铭文“嘉庆丙子”，并墨书“同治壬申”。左侧阴刻铭文“陈昌遇置”，并墨书“贡生曾维垣修”。两吊钮中间阴刻铭文“府学搏拊”。

◎ 清

◎ 鼓长 48 厘米、面径 23.2 厘米、腰径 39.2 厘米，鼓架长 55.4 厘米、宽 32 厘米、高 21 厘米

◎ 中国闽台缘博物馆藏

鞞鼓

鞞鼓，打击乐器，属古代八音中的革类乐器，为小鼓的一种，周代已有。《周礼·春官·大师》：“凡小祭祀、小乐事，鼓鞞。”在宫廷礼乐中，鞞鼓用以引乐，或引出大鼓声。《周礼·春官·大师》：“下管，播乐器，令奏鼓鞞。”郑玄注：“郑司农云：鞞，小鼓也。先击小鼓，乃击大鼓。小鼓为大鼓先引，故曰鞞。鞞，读为引导之‘引’。”

◇ 泉州府学鯨鼓

为泉州府文庙祭祀时所用的打击乐器，置于长方形鼓架上敲击演奏。鼓面蒙牛皮，鼓体一面置两个吊钮，吊环缺失。吊钮右侧阴刻铭文“嘉庆丙子”，左侧阴刻铭文“陈昌遇置”，两吊红中间阴刻铭文“府学鯨鼓”四字。

◎清

◎鼓长 65 厘米、面径 30.3 厘米、腰径 45.5 厘米，鼓架长 55.2 厘米、宽 31.3 厘米、高 21 厘米

◎中国闽台缘博物馆藏

第五节

丝类乐器

丝类乐器，即丝弦乐器，通过弹拨乐器表面的弦发声的乐器。在八音乐器分类法出现的周代，尚无拉奏的丝弦乐器，主要为弹拨丝弦乐器，常见的有琴与瑟两种。

【延伸阅读】

琴、瑟大不同

因在外观、弹奏方式上的相似，许多人不可避免地会将琴、瑟混为一谈。但其实，它们是完全不同的两种乐器。

从形状上来说，琴的形状是一头大，琴弦从细的一头引出，呈发散状射向另一端；而瑟是标准的长方形，琴弦平行分布。

从琴弦数量来说，琴一般是 7 弦，分别为宫、商、角、徵、羽和文武二弦；而瑟的弦一般要多，古为 50 弦，现多为 25 弦。

从音域上来说，瑟有琴码，一弦一码一音，只能在演奏时透过左手之按、压、放等指法在琴码之左方奏出滑音、变化音；琴无琴码，可用左手按指成音，一弦多音且可用空弦、按弦、半按弦（泛音）成音，比瑟的音域更宽——这也是琴与瑟最大的区别。

锦瑟无端五十弦，一弦一柱思华年。

——李商隐《锦瑟》

古琴

古琴，古称琴、瑶琴、玉琴，现称古琴、七弦琴，是中国最早的弹弦乐器之一，已有几千年的历史，属古代八音中的丝类乐器。在祭孔乐舞中，古琴与竹管乐器以及陶埙等相谐辉映，为庄重古朴的祭祀乐舞营造肃穆和雅的音乐氛围。

古琴不仅是祭祀用具，更是文人修身养性、抒发情感的乐器。早在西周晚期，“士无故不撤琴瑟”，抚琴已成为士大夫的一种生活风尚。南宋有古琴三大派之说。到明代后期，流派纷呈，影响较大的有浙派、江派、闽派、川派等。闽派古琴，以明代永安杨表正与清代浦城祝凤喈为代表，尤以后者影响为巨。

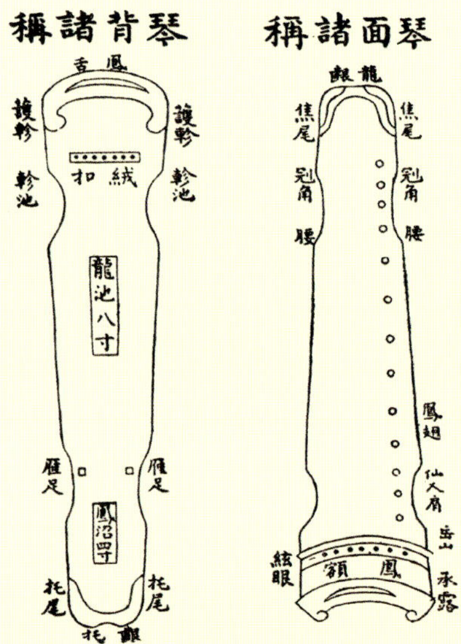

▲ 古琴底板和面板各部分名称示意图

◇ 朱致远制琴

为仲尼式古琴，琴底龙池内阴刻“赤城真庵朱致远制”。朱致远，生于元，卒于明，是元代著名制琴师，所制古琴琴体宽博、漆灰俱精，琴音苍拙劲透。

◎ 元

◎ 长 118.5 厘米、宽 20 厘米、高 11 厘米

◎ 福州市博物馆藏

◇ 松石间趣琴

为仲尼式古琴，工艺精良。琴面置 13 徽，螺钿制成。龙池和凤沼均为长方形。琴首嵌有一蝴蝶形玉石。琴背面龙池上方题款“松石间趣”。龙池与雁足之间有一圆一方两个印章，方印阳刻“清嘉庆庚辰李冬修”，圆印阴刻“明天启丙寅斫”。此琴为近代著名音乐家、美术教育家、书法家、戏剧活动家弘一法师生前所用过古琴。

◎ 明天启六年（1626 年）

◎ 长 125 厘米、宽 20 厘米、高 8.5 厘米

◎ 弘一法师纪念馆藏

◇ 百衲琴

为仲尼式古琴。面板由梧桐木制成，面上缀有螺钿徽，通体断纹如蛇腹部下的横鳞。琴项背面提款“百内”，龙池两侧刻有“百衲斯成，五音斯备”“清浊纯和，合乎天地”。龙池和雁足之间有印文“中和琴室”。百衲琴始创于唐代，用小的桐木块或木条拼粘而成。唐以后百衲琴斫制技艺基本上处于断流的状态，宋代起出现了假百衲琴，外观做成百衲状，其实是用一整块板制成。本琴虽然自称“百衲”，但属于明代后期制作的装饰性百衲琴。

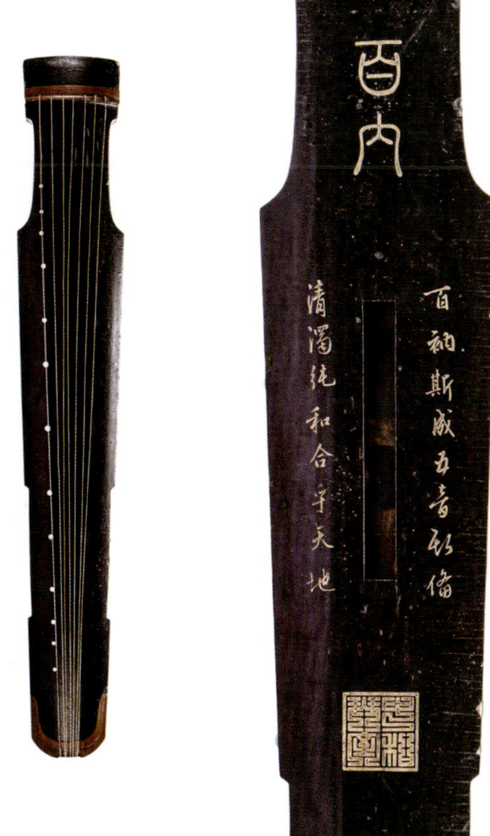

◎明万历元年（1573 年）

◎长 124 厘米、宽 19.8 厘米、 高 8.5 厘米

◎福建博物院藏

◇ 青铜古琴

为仲尼式古琴。青铜质，长方形音箱。琴面有 7 根弦，缀有螺钿徽。底板用铜制成，龙池、凤沼均为长方形。此铜琴龙池内铸“□正叔作子子孙孙永寿用之”十二字篆书铭文。

◎明

◎长 119 厘米、宽 22 厘米、高 10 厘米

◎华侨博物院藏

◇ 泉州府学古琴

为泉州府文庙祭祀时所用弹拨乐器。仲尼式古琴，面上缀有螺钿徽，底部龙池、凤沼均为长方形。龙池内阴刻铭文“福建泉州府学官用嘉庆丙子陈昌遇置”。

◎ 清嘉庆二十一年（1816 年）

◎ 长 100.2 厘米、宽 17.9 厘米

◎ 中国闽台缘博物馆藏

◇ 兴化府文庙古琴

为兴化府文庙祭祀时所用弹拨乐器。仲尼式古琴，木质音箱，琴面呈弧形，髹黑漆。面上缀有螺钿徽，底部龙池、凤沼均为长方形。龙池内有墨书题款，其中一字不清，推测应该为“化”字，全文为“文庙兴化府学”。

◎清

◎长 122 厘米、宽 19 厘米

◎莆田市博物馆藏

◇ 流水高山琴

为仲尼式古琴。通体施黑漆，琴面上缀有螺钿徽，呈花瓣花形，雁足已失。琴背龙池、凤沼皆作长方形。龙池上方楷书铭文“流水高山”四字，池下方有三行六字篆书金漆印章“仪轩王宗周印”。

◎清

◎长 118.2 厘米、宽 18.8 厘米

◎厦门市博物馆藏

◇ 养心琴

为仲尼式古琴。通体施黑漆，梧桐木制，缺弦。琴面上缀有螺钿徽，琴背龙池、凤沼均为长方形，琴项背面篆书阴刻“养心”二字。

◎清末

◎长 110 厘米、宽 16 厘米

◎浦城县博物馆藏

◇ 绿波居士琴

为仲尼式古琴。通体施黑漆，梧桐木制。琴面上缀有螺钿徽，琴背龙池、凤沼均为长方形。龙池内板右侧墨书行草“大清光绪贰拾伍年己亥之冬”，左侧墨书行草“南浦绿波居士达镛序之甫制”。

◎ 清光绪二十五年(1899年)

◎ 长119厘米、宽16厘米

◎ 浦城县博物馆藏

第六节

木类乐器

木类乐器，是指用木头材质制作的打击乐器，主要有柷和敔两类。从先秦古籍《乐记》《诗经》《尚书》到清代音乐文献，均有柷、敔记载。它们往往相伴而用，主要用于历代宫廷雅乐和孔庙祭祀乐舞中乐曲的起乐及止乐演奏。

柷

柷，又作“椌”，为打击乐器，用于起乐。呈斗箱形，底和四边镶嵌木板，版面常彩绘有山水花卉、龙凤祥瑞等题材。柷至少应该有两种不同形制：一种是柷体与击器（即“椎”）相分离，演奏时用椎敲击内壁，另一种是柷箱中有一“椎柄”与箱底连接，演奏时推或撞或击打椎柄发声。

▲ 北宋陈旸《乐书》柷图

◇ 泉州府文庙柷

为泉州府文庙祭祀时所用的乐器。木制，髹红漆，四周彩绘，状如大斗。每奏一曲之始，单手执一木槌，击底左、右各一声，用以起乐。

◎ 清

◎ 中国闽台缘博物馆藏

二 敔

敔，又写作“圉”，为打击乐器。其形状如虎，背上等距横嵌有27个木片，称为“龃龉”。用于止乐。具体的用法，即在音乐结束之前，先击敔的虎头顶三下，然后从虎尾到虎头逆向刮奏虎背龃龉三次。

▲ 祭孔乐舞中的“刮敔止乐”

◇ 泉州府文庙敔

为泉州府文庙祭祀时所用的乐器。其形状如老虎，髹红漆，彩绘有黑色斑纹。老虎双耳竖立，红口利齿，背部插列方形木片 27 片，尾巴呈“S”状。老虎伏于木座之上，木座通体髹红金漆。演奏时，刮奏虎背部的木片发声。

◎清

◎敔长 61.7 厘米、宽 19 厘米、高 23.4 厘米，底座长 73.2 厘米、宽 33.3 厘米、37.9 厘米

◎中国闽台缘博物馆藏

【扫一扫】听听福建博物院讲解员为您讲述敔的故事吧！

第七节

匏类乐器

匏即葫芦。匏类乐器，就是用匏作为制作材料的吹奏乐器，主要有笙和竽。它们以葫芦的腹部为斗，竹管为笙苗，每管下端开槽嵌装竹簧片，插入葫芦中，气息振动发音。每一根竹管都有一个固定的音高，因此它们能够吹出和声。其中，高音清脆透明，中音柔和丰满，低音浑厚低沉。在和其他乐器合奏的时候，笙、竽能起到调和乐队音色、丰富乐队音响的作用。

【延伸阅读】

笙竽有别

笙和竽拥有相同的发音声学机制，并且在形制上十分相似。如何区分它们呢？

笙和竽最主要的区别，在于插在“腔斗”中的簧管数量不同。根据《周礼·笙师》中的记载，竽一般有三十六簧，笙一般有十三簧。古代的音乐历史中，竽的沿革是从簧多到簧少，管苗数目多是偶数；而笙的发展是由簧少渐近到簧多（十三簧→十七簧→十九簧→二十三簧），管苗数目多是奇数。笙、竽以各自的趋势反向发展，从而使二者的簧数接近，到了宋代以后就“并为一器”，只有笙称而无竽称了。

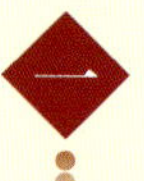

一 笙

笙，又称芦笙，为八音之中匏之属的乐器，是簧片与竹管耦合共振而发声的吹奏乐器，声音饱满而悦耳动听。笙斗本用葫芦制作，后因葫芦容易破裂，唐代以后多改用木制，广泛用于清宫典制音乐和戏曲伴奏中。

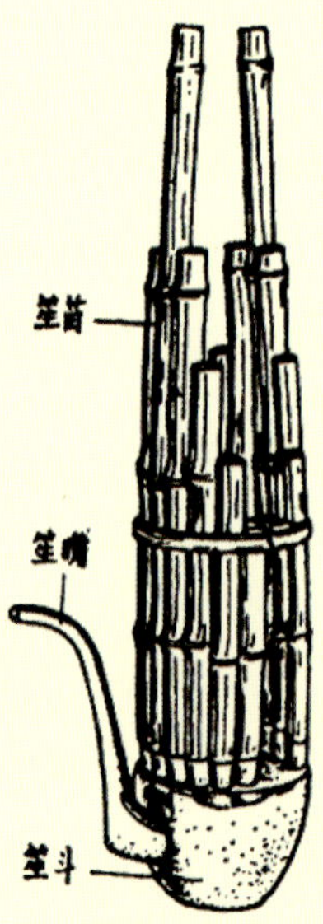

▲ 笙结构图

◇ 笙

以小紫竹共十七管制成，每管上端出气口称“山口”，下端以黄杨木接竹为脚，脚内嵌薄铜片，为簧片。整束竹管植于坚木制作的斗中，斗旁接一吹管，即笙嘴。

◎清

◎长 34.5 厘米、宽 10 厘米

◎泉州市博物馆藏

第八节

竹类乐器

竹类乐器，即是以竹子作为制作材料的吹奏乐器。关于竹类乐器的起源，有一个有趣的推测：中国的竹制乐器可能发端于古人燃竹。竹子燃烧时，竹节内空气膨胀，冲破竹筒外壁发出“劈劈啪啪”的声音，形成了最为简单的原始乐曲。古人由此得到启发，创作了简易的竹子乐器——竹笛。先秦竹类乐器，记载于《周礼》中的有籥、箫、篪、篴、管。宋以来的八音中，竹类乐器主要有笛、箫、篪等。

一 篪

篪，吹管乐器，属古代八音中的竹类乐器，音色浑厚轻柔，尤宜轻吹。商代已有篪。周代时，篪常与陶埙合奏，《诗经》里就有“伯氏吹埙，仲氏吹篪”之说。战国时，篪常用于宫廷音乐。南北朝时期，篪还在民间广泛使用。唐、宋以后，篪就只用于宫廷雅乐和各地官方祭祀音乐。

《周礼·郑玄注》：“篪，如管，六孔。”东晋郭璞注《尔雅》：“篪，以竹为之，长尺四寸，围三寸，一孔上出，寸三分，名翘，横吹之。小者尺二寸，《广雅》云八孔。”北宋陈旸《乐书》说：“篪，有底之笛也，横吹之。”篪横吹，与笛子十分相似，也是有一个吹孔和几个音孔，区别在于：篪的底端是全封闭的，而笛子的底端是开放的；篪的吹孔和音孔不在一个平面，而成90度角，不像笛子吹奏时掌心向下，吹奏篪时双手执篪端平。

◇ 泉州府文庙篪

为泉州府文庙祭祀时所用的吹奏乐器。竹质，器表髹红漆，篪管的一端敞开，另一端在里面封死。管身一侧开有5个按音孔，与之垂直的一侧开有1个吹口。尾端还开有2个饰孔，用以悬挂飘穗。表面装饰有精美的金漆龙纹和云纹。

▲ 金龙纹饰

◎清

◎长53厘米、宽4厘米

◎中国闽台缘博物馆藏

排箫

排箫，是古老的编管吹奏乐器，一管发一音，竖吹，属古代八音中的竹类乐器。排箫从春秋到隋唐时期广泛流传，在汉代的鼓吹乐、隋唐的宫廷雅乐和燕乐中均占有相当重要的地位。宋以后民间已渐失传，只用于宫廷雅乐。排箫竹管的排列方式主要有两种：一种是按长短顺序排列，即单翼状，音高从左到右依次升高；另一种是双翼状，即短管居中，两边长度依次渐长，音高从外到内依次升高，形状犹如翅膀，故称凤翼排箫，即“凤箫”。

◇ 凤翼排箫

整体呈凤翼状。表面髹红漆，正面金漆双龙腾云图。箫管上有墨书的工尺谱字，如“东右伍”“北右合”等。

◎ 清末

◎ 长 36.6 厘米、残高 35 厘米、厚 3.3 厘米

◎ 中国闽台缘博物馆藏

龙头笛

龙头笛，又称龙笛，吹管乐器，属古代八音中的竹类乐器。有文献表明，龙笛的使用主要从宋代开始，且多用于鼓吹乐中；也是西夏雅乐乐器。元代为宫廷常用乐器。《元史·礼乐志》载：“龙笛，制如笛，七孔，横吹之，管首制龙头，衔同心结带。”清代亦作为宫廷乐器，两端常雕有龙头和龙尾，多木制，音色明亮甜美。

◇ 泉州府文庙龙头笛

为泉州府文庙祭祀时所用的吹奏乐器。笛身髹红漆，一端置金漆龙首。笛身一侧开有按音孔 6 个、吹孔 1 个。近龙首一端开有 2 个饰孔，用以悬挂飘穗。

◎ 清

◎ 其一通长 57.3 厘米、其二通长 54.6 厘米

◎ 中国闽台缘博物馆藏

第叁章 绕梁曲声

宋元明清时期，由于中原文化的传入、邻省文化的渗透、海外文化的影响，以及民俗文化的滋养、宗教文化的传播，福建民间传统音乐非常繁荣。南音、十番、伬唱等乐种曲艺，莆仙戏、梨园戏、闽剧、高甲戏、芗剧（歌仔戏）、傀儡戏（木偶戏）等戏曲以及各种各样的宗教音乐层出不穷，具有浓郁的地方特色，产生了与之密切相关的大量音乐文物，包括乐器、戏台、戏服、剧本、曲谱等。

第一节

曲艺、戏曲乐器

福建曲艺、戏曲音乐有不少特色乐器，如南音及梨园戏的南琶、洞箫、压脚鼓、嗳仔、拍板，莆仙戏的压狮鼓、笛管与梅花（中音唢呐），莆田涵江“古文十番”的枕头琴等，音色和演奏技艺都有着丰富的表现力，呈现出独特的艺术魅力。

福建民族民间乐器表

序号	类型	乐器
1	吹管类乐器	南音洞箫、竹笛、品箫、箫筒、大号、觋角、小筒、大筒、龙角、逗管、笛管、唢呐、南吹、嗳仔、大嬷吹、中公吹、鼻嘴唢呐、笙等
2	拉弦类乐器	二弦、四胡、偭胡、伬胡、吊规、竹节胡、提弦、壳子弦、椰胡、吗胡、飘胡、皮胡、大冇胡、枕头琴、二胡、中胡、大胡、京胡等
3	弹拨类乐器	古琴、古筝、琵琶、双清、小三弦、大三弦、八角琴、月琴、扬琴、秦琴等
4	打击类乐器	大鼓、长鼓、狼串、金鼓、手鼓、扁鼓、大钹、小钹、道士钹、大铜锣、小铜锣、大锣、小锣、北锣、乳锣、铜锣、小金锣、中金锣、大金锣、响盏、小叫、戍钟、帝钟、敲钟、挂钟、大磬、引磬、铜铃、手铃、碰铃、法铃、铃刀、拍板、板鼓、小木鱼、大木鱼、咯板、四宝、三星、四面云锣、七点星、十面云锣、音盏等。

数据来源：中国民族民间器乐曲集成全国编辑委员会编《中国民族民间器乐曲集成·福建卷》，中国 ISBN 中心出版社 2001 年版。

拍板

拍板，也称檀板、绰板，简称板，由多块竖木板条组成，各木板条上端用绳连成一串，下端可以自由开合。关于拍板的起源，有始于晋魏或见于北齐等学说。拍板在唐代非常流行，当时拍板数不定，多则九页，少则两页，其中五页式最多见。宋以后，拍板在宫廷雅乐和民间说唱艺术中广泛使用。明代出现了三页拍板。清代戏曲常用三页拍板。而南音及梨园戏所用的拍板沿用旧制，多数为五页。其演奏方法为左手握三页、右手握两页，有持板于胸前、双手左右横击，有持板于面侧、双手前后侧击，每次碰奏一次只发一音。

【扫一扫】看看南音拍板是怎么演奏的吧！

【延伸阅读】

南音

南音，又称为南管、弦管、南曲、南乐，流传于福建、台湾、香港、澳门及东南亚华人集居地。它的历史可溯源汉唐，至今仍然保留着汉代的“丝竹更相和，执节者歌”的演唱形式。南音曲调飘逸典雅，具有“古士君子之遗风”。南音工尺谱印证了两千余年前曾侯乙编钟铭文所记载的音律理论，它的演唱还保留唐以前的古老传统的唱法。南音是华夏文化历史积淀的一个断面，是中华民族音乐皇冠上的一颗明珠，被誉为东方古典音乐的珍品、中国民族音乐的根。2009年，南音被联合国教科文组织列入世界人类非物质文化遗产名录。

◇ 南音拍板

这件南音拍板用荔枝木制成，由五页长方形木板组成，一端钻孔，以绳串之。演奏时以左手执三页、右手执两页，以左手执片拍击右手执片发音。

◎清末

◎长 28 厘米、宽 5.8 厘米

◎福建博物院藏

◇ 东山御乐轩拍板

木质坚致，色泽暗红，使用痕迹明显。拍板由五片长方形木板组成，一端钻孔，以绳串之。演奏时以左手执三片、右手执两片，以左手执片拍击右手执片发音。御乐轩位于东山县铜陵镇铜兴村，为东山民间传统南音组织的活动场所。此拍板为御乐轩保存的数件传世古乐器之一，弥足珍贵。

◎清

◎长 27 厘米、宽 5.9 厘米

◎东山县御乐轩藏

洞箫

洞箫，单管吹奏乐器，福建南音称其为“尺八”。尺八之定名，源于唐代竖笛（即今洞箫）一尺八寸的长度。唐尺八用于宫廷音乐，是唐代乐部、乐舞中的重要乐器。宋尺八在民间、宫廷均有流传，又称“箫管”“竖篴”“中管”。宋代之后，尺八仅在南音及梨园戏、高甲戏、芗剧等中得以保留，是一种十分珍贵和罕见的乐器。有别于曲笛的横吹，尺八竖吹，声音圆润优美，音域宽广深厚。

【扫一扫】看看洞箫是怎么演奏的吧！

◇ 南音洞箫

以观音竹根部为材料制作，十目九节，首端有“V”形吹口。开有6个按音孔，前5后1，分别开在管身由上往下的第三、四、五节上。尾端有2个装饰孔，用以悬挂飘穗。

◎ 清末

◎ 通长56厘米、口径3.2厘米、底径4.1厘米

◎ 福建博物院藏

◇ 德化窑白釉瓷洞箫

箫呈竹节式，上端有1吹口，箫身的5个音孔朝上、1个音孔朝下，下端出边，镂空钱纹装饰。通体施白釉，釉质莹润洁白，可吹奏出优美的旋律。

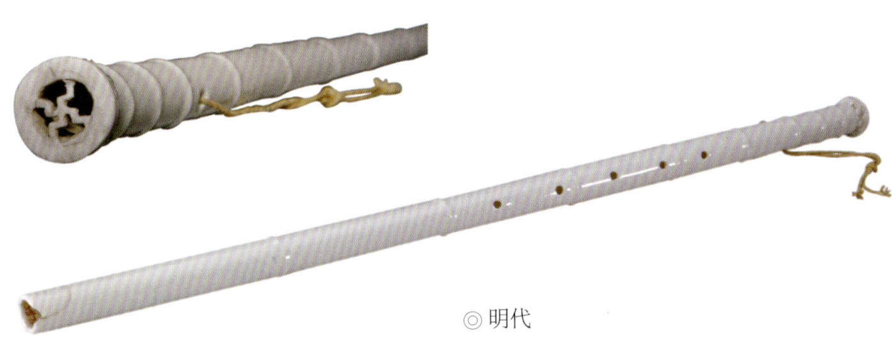

◎ 明代

◎ 通长56厘米、口径2.1厘米、底径1.3厘米

◎ 故宫博物院藏

曲笛

笛，又称横吹、横笛、竹笛、笛子，吹管乐器。骨笛是我国最古老的乐器之一，出现于8000多年前。战国已有横吹竹笛。汉代中原竹笛采用吹孔和按音孔在同一平面的胡笛形制，并保留华夏七孔古笛的基本形制。唐代笛子增加膜孔。元代竹笛形制基本稳定，在戏曲、曲艺及民间器乐合奏中的运用越发普遍，并随着演奏剧种、乐种的发展而逐渐出现了梆笛和曲笛。梆笛用于梆子腔以及北方各乐种的伴奏和合奏中。曲笛用于昆曲、评弹等剧种以及南方各剧种的伴奏和合奏中，是福建地方音乐和戏曲中重要伴奏乐器之一，在泉州南音中又被称为“品箫”。相较梆笛，曲笛管身粗而长，音色浑厚、柔和，清新而圆润，适宜表达含蓄、细腻的情感。

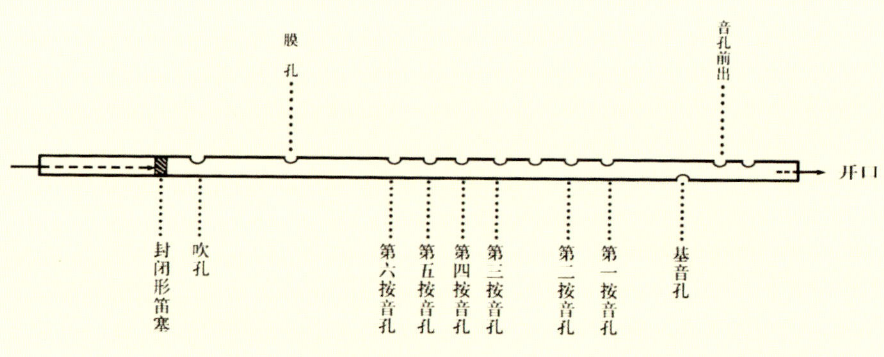

▲ 竹笛各部分名称示意图

【延伸阅读】

笛、箫大不同

笛和箫一样，都是源于远古时期的骨哨。因此很长一段时间，人们把箫称为笛。直到唐代，两者才开始分离，吹奏方式、音色区分越发明显。

1. 横吹笛子竖吹箫

箫和笛在吹奏方式上存在明显不同，即横吹笛子竖吹箫。

▲ 清禹之鼎《月波吹笛图》（局部）故宫博物院藏

▲ 明唐寅《吹箫仕女图》（局部）南京博物院藏

2. 音色不同

箫的音量较小、音色轻柔，比笛声更有一股缠绵不尽的幽怨之意，比较适于独奏和重奏。

3. 笛子需用笛膜，而箫不需

笛膜指的是贴在笛子左端第二孔上、吹笛时振动发声的薄膜，取自竹子或芦苇的茎中。笛子的笛膜能调节发声，而箫则不用膜。吹奏的时候空气流通到笛子中空部分，吹奏者通过手法的变换让笛膜振动，从而发出各种各样的声音。

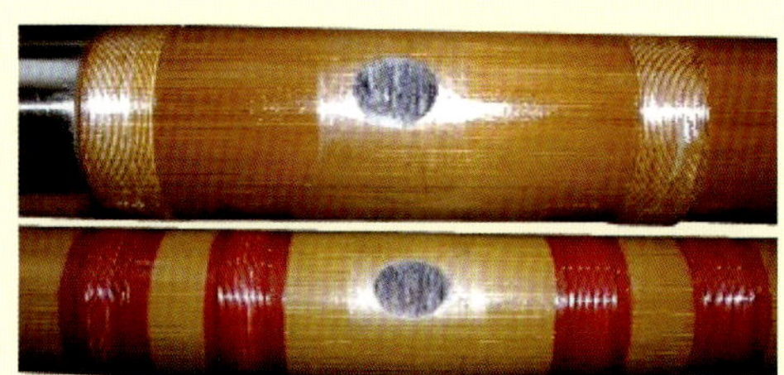

▲ 笛膜

【扫一扫】看看曲笛是怎么演奏的吧！

◇ 曲笛

竹制，器身饰有 19 道黑漆线箍，两端均有白色骨质部件，保存基本完好。竹管共开 12 个孔，其中 6 个按音孔、2 个基音孔、2 个助音孔、1 个吹孔、1 个膜孔。

◎清

◎长 56.6 厘米、口径 2.2 厘米、底径 2.5 厘米

◎泉州市博物馆藏

管子

管子，吹管乐器，又称“觱篥”“筚篥”，西汉时由龟兹传入，隋唐时盛行，是当时大曲的主奏乐器，号称“众器之首”。它在福建民间音乐中广泛使用，闽剧和十番乐队称之为“逗管”，莆仙戏称之为“笛管”，歌仔戏称之为“鸭母管”。

◇ 筚篥（复制品）

为莆仙戏特色乐器。莆仙戏是福建古老剧种之一，它以莆仙方言演唱，流传于福建莆田等地区。2006 年 5 月 20 日，莆仙戏被列入第一批国家级非物质文化遗产名录。此筚管用硬木作管，头大尾小。管开 8 孔，正面 7 孔，背面 1 孔，仅吹口音，音色高亢而凄厉、哀怨。

◎ 福建博物院藏

唢呐

唢呐，吹管乐器，音色高亢明亮。大约在元代时由中亚一带传入中国，明代以后成为重要乐器。开始主要用于军中和仪仗，后被民间广泛使用。福建戏曲乐队、南音等演奏也大量使用唢呐。剧种不同，唢呐的称谓不同：闽剧称之为“呐仔（小唢呐）”“哔（大唢呐）”；莆仙戏称之为“吹鞭”“吹生”；歌仔戏称之为“哒仔”；南音称之为“嗳仔”；龙岩十班称之为“公嫲吹”。

◇ 唢呐

保存完整，每件唢呐由哨、气牌、侵子、杆和碗五部分组成。杆上端装有铜质侵子，侵子上面套有气牌和芦苇做的哨；杆下端安着碗（即喇叭口），碗上有环链与杆上端的铜质侵子相接。杆身上开有 8 个按音孔，前 7 后 1。唢呐是南音下四管中的重要乐器，当地称嗳仔、小唢呐。

◎ 清末

◎ 长 50.7~53.5 厘米、口径 15.1~15.7 厘米

◎ 晋江市博物馆藏

◇ 唢呐

杆为木质，中空，开有 8 个按音孔，前 7 后 1。主要用于南音、大鼓吹（又名“开路鼓吹”）等乐种，演奏形式有“十音”“八音”等，音色高亢嘹亮。

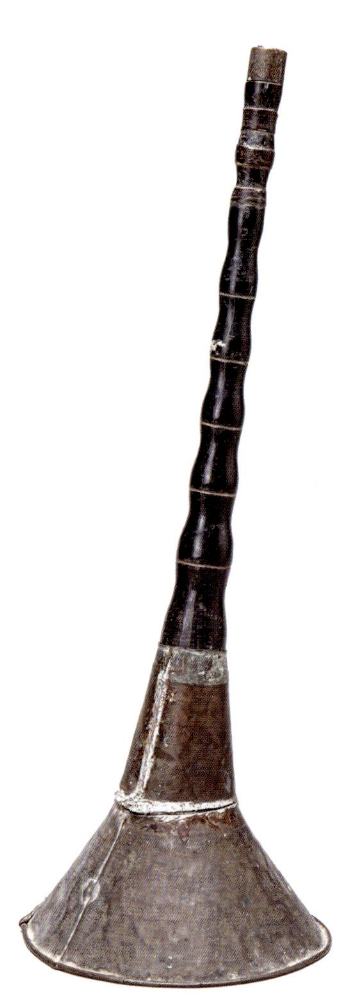

◎ 清末

◎ 通长 43.5 厘米、口径 12.5 厘米

◎ 华安南阳楼民俗馆藏

琵琶

琵琶，弹拨乐器，因它的弹法“批”（正拨）和“把”（反拨）而得名。早期琵琶较狭长，音箱窄瘦，多直项。隋代以后渐趋宽圆，曲项较多。唐代琵琶主要分为曲项四弦琵琶和直项五弦琵琶。明清时期琵琶形制逐步定型，废拨子改为指弹，一般为竖抱，腹部比唐琵琶小，颈部加宽。明代琵琶由最初的四柱发展为四相九品，清代琵琶增加为四相十品或四相十二品。而南琶，即南音与梨园戏等福建音乐中所用的琵琶，在较多方面保留了古制曲项琵琶的形制和持琴演奏方法。南琶样式与唐琵琶相近，呈梨形，细颈曲项，腹宽扁，复手大，山口高，两凤眼；品相与明制相似，为四相九品或四相十品。另外，琵琶为横抱，与五代南唐顾闳中的《韩熙载夜宴图》中弹奏琵琶的姿势相同。

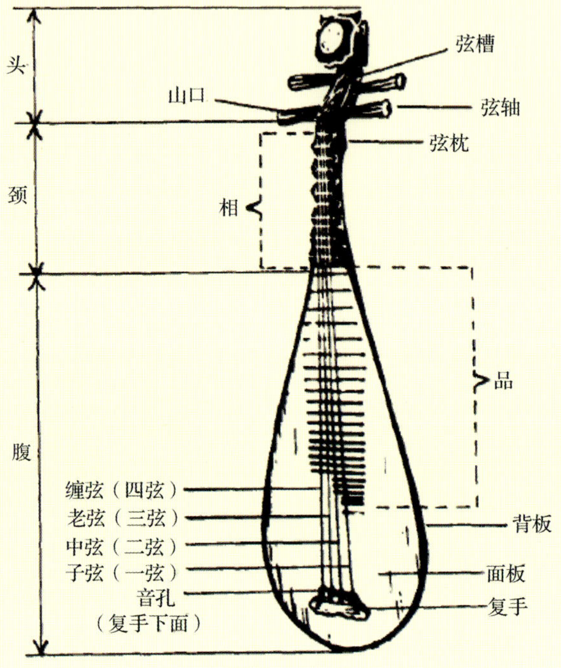

▲ 琵琶各部分名称示意图

【扫一扫】看看南音琵琶是怎么演奏的吧！

◇ 叠韵悲琵琶

属于南音琵琶。曲项，梨形音箱。木质，髹黑漆。四相十品。面板用桐木制成，琴背为紫檀木。音箱背板上刻有描金铭文“叠韵悲”三字。演奏时左手横抱，各指按弦于相应品位处，右手戴赛璐珞（或玳瑁）假指甲拨弦发音。

◎清末

◎长 93.5 厘米、宽 31.3 厘米、厚 7.8 厘米

◎福建博物院藏

◇ 东山御乐轩琵琶

御乐轩为东山民间传统南音组织的活动场所。此南音琵琶为传世之物。因琵琶年代久远，多处破损，琴首、四相、弦轴、品均为后配。曲项，梨形音箱，髹黑漆。四相九品。演奏时左手横抱，各指按弦于相应品位处，右手戴赛璐珞、或玳瑁，假指甲拨弦发音。

◎清

◎长 96 厘米、宽 31.0 厘米、厚 9.0 厘米

◎东山县御乐轩藏

三弦

三弦，又称“弦子”，可独奏、合奏、伴奏。其中，泉州南音三弦简称“南弦”，属于曲弦的一种。演奏时倾斜持抱，弦担与身体呈 45 度角，在演奏时起辅助琵琶的作用。音色深厚沉稳。其弹奏指法与南琵相同。

◇ 大三弦

琴头呈长条形，没有任何纹饰与图示。琴杆较粗，琴鼓呈圆形，外壁厚实，两面蒙蟒皮。

◎清末

◎长 100.7 厘米、宽 18.4 厘米

◎莆田市涵江区私人收藏

枕头琴

枕头琴，形如枕头，音似胡琴，是轧筝在福建地区的变体。轧筝似筝而小，有七弦至十一弦不等，用竹竿、木杆、芦苇秆或高粱秆擦弦发音，是我国文献记载最早的擦弦乐器之一，盛行于唐代，宋代以后仍在使用，元、明时期叫作“⿱竹秦”，清代又称为轧筝。枕头琴形制与轧筝相近，由音箱、琴轴、琴马、琴弦和琴弓等部分组成，主要用于莆田涵江“古文十番”和泉州晋江“十番”乐种中。

◇ 枕头琴

该琴髹黑漆，11弦，是莆田市涵江民间乐种“古文十番”的主要乐器之一。有坐奏、行奏两种。坐奏时，将琴身平置；行奏则扛于左肩，左手扶之，右手持弓，与演奏小提琴相似。

◎清

◎通长97厘米

◎莆田市黄管乐收藏

扬琴

扬琴，击弦乐器，又称洋琴、打琴、铜丝琴、扇面琴、蝙蝠琴、蝴蝶琴。扬琴于明末由波斯、阿拉伯一带传入中国，最初流行在广东，后逐渐扩及闽浙、江淮和中原地区，广泛用于戏曲、曲艺的伴奏及独奏、合奏等多种音乐形式。

◇ 合顺班扬琴

琴盖与琴体均髹酱色漆。扬琴整体呈梯形，面板上开有两个圆形音孔，透雕凤鸟纹。琴面的弦柱旁边均有墨书的工尺谱字，如上、尺、工等。琴盖里面朱墨题款“光绪陆年置合顺班临记”。演奏时，置琴于架上，演奏者双手各执一琴竹，击弦发声。善于表现轻快、活泼的曲调。

◎ 清光绪六年（1880 年）

◎ 长 77 厘米、宽 52 厘米、高 11 厘米

◎ 德化陶瓷博物馆藏

古筝

古筝是我国古老的弹拨乐器之一，早在战国时期就流传于当时的秦地，史籍也常把筝称为“秦筝”。秦汉以来，古筝从西北地区逐渐流传到全国各地，形成风格迥异的各种流派。闽筝和河南筝、山东筝等同为中国重要的古筝流派。传统闽筝多数是小型的十六弦筝，装铜质弦；少数是十三弦筝，装丝弦。闽筝除了独奏，还广泛用于闽西南各县盛行的“古乐合奏”，演奏时多为坐奏，琴头放在奏者的大腿上，保留了我国古代的操筝方法。现有100多首闽筝古谱流传至今。

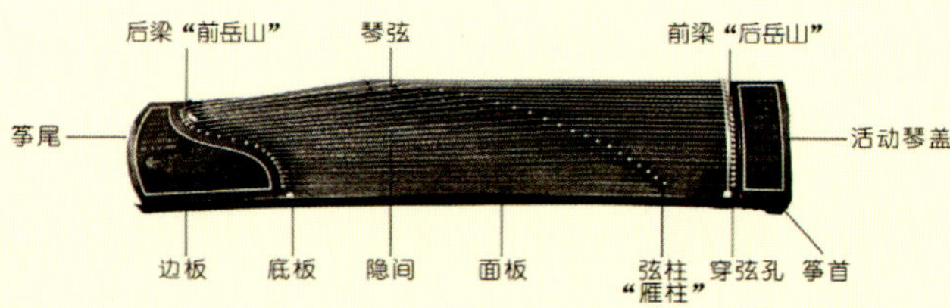

▲ 古筝各部分名称示意图

◇ 诏安古筝

21 弦。除筝首挂弦处有裂缝外，余部保存完整。该古筝不用琴架，演奏的时候，一头放在凳子上，另一头则放在膝盖上。

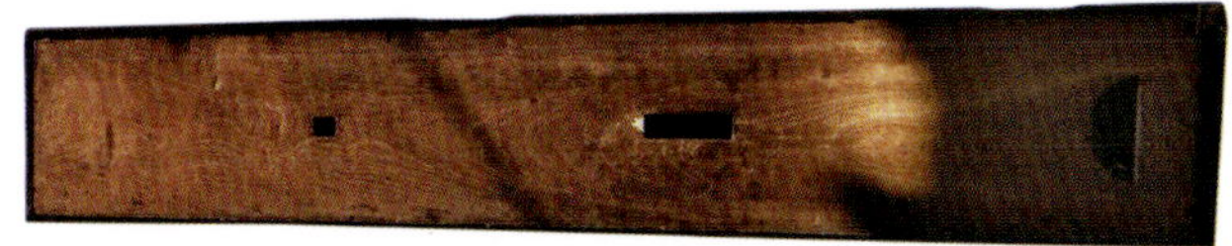

◎清末

◎长 137 厘米、宽 30 厘米、高 15 厘米

◎私人收藏

十一 鼓类

福建民间使用的鼓主要有大鼓、堂鼓、板鼓、扁鼓，主要用于舞蹈、戏曲和群众性节庆鼓乐活动。其中，压狮鼓和压脚鼓都属于堂鼓，是福建戏曲中的特色乐器。

▲ 压脚鼓打击示意图

【扫一扫】听听福建博物院讲解员为您讲压狮鼓的故事吧！

◇ 压脚鼓（复制品）

亦称“南鼓”，为梨园戏科介独有，属于堂鼓中的一种。演奏时，鼓师以左脚跟压住鼓面，靠脚力的轻重和位置来调整鼓声音调的高低。

◎ 福建博物院藏

◇ 压狮鼓（复制品）

俗称大鼓与石狮，是莆仙戏独具特色乐器，属于堂鼓中的一种。演奏时，用一只碗口大小的石狮子压在鼓面上，以调节鼓声的音色和音量。

◎ 福建博物院藏

◇ 板鼓

鼓呈扁圆形，下空。鼓腔为6块木板拼合而成，一面蒙牛皮，周边用两行铁钉铆住，部分脱落。板鼓，又称单皮、班鼓，清代还称搭鼓。板鼓声音穿透力强，多居于指挥和领奏地位，也作伴奏之用。

◎ 清末

◎ 高6厘米、鼓面径25.5厘米、底径23厘米

◎ 中国闽台缘博物馆藏

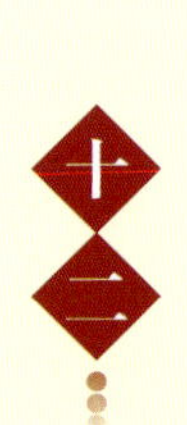

十二 锣

锣，打击乐器，铜制，圆形，用不同质地的锣槌敲击发音。锣是由西域传来的乐器，用一端绑有布条的木槌敲击发音。因锣面部位不同，音高和音色也不尽相同。

◇ 大锣

2001年出水于漳州市东山县西埔镇金銮湾。大锣由青铜铸成，质地厚重。锣沿上钻两孔，用于悬挂绳索。

◎明

◎高9厘米、厚0.8厘米、直径45.5厘米

◎东山县博物馆藏

◇ 大锣

由青铜铸成，质地厚重。锣体呈圆盘形，表面平坦。锣沿上钻两孔，用于悬挂绳索。

◎清

◎高 6.8 厘米、直径 50 厘米

◎华侨博物院藏

第二节

木偶戏道具

木偶戏，俗称傀儡戏，源于原始宗教的祭祀和汉代的“丧礼乐事”。福建木偶戏品种繁多，享有“木偶之乡”的声誉，其中提线木偶戏、布袋木偶戏尤为突出。木偶戏主要道具，由木偶人及木偶人所用的各种器具组成。其中，闽南地区的偶头雕刻、偶像造型艺术与制作工艺独树一帜。

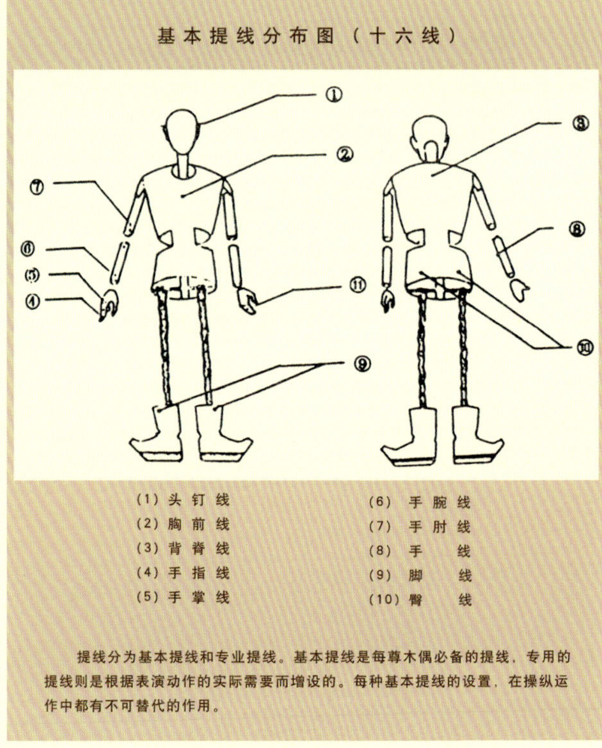

提线分为基本提线和专业提线。基本提线是每尊木偶必备的提线，专用的提线则是根据表演动作的实际需要而增设的。每种基本提线的设置，在操纵运作中都有不可替代的作用。

◇ 红脸长须武生提线木偶

共有 16 条提线。由钩牌、悬丝、傀儡头、躯干、四肢组成。红脸黑须，粗眉大眼，怒目圆睁，眉头紧皱，高鼻，双唇紧闭，眼睛可上下转动，胡须长至胸部，身着红色布质战袍，腰束白色布质腰带，双手细长，持一长刀，脚穿黑靴，神情威武。

◎清

◎通高 64.2 厘米、最宽 44 厘米、脸长 9.3 厘米、脸宽 7.2 厘米、大刀长 67.5 厘米

◎泉州市博物馆藏

【延伸阅读】

提线木偶戏

提线木偶戏，又名悬丝木偶戏。即艺人通过操纵悬丝组织动作，进行表演。因悬丝数量的不同，形成迥异的表演风格。福建提线木偶戏滥觞于唐五代，形成于宋元，发展于明清，流行于泉州、漳州、福州、莆田和龙岩等地区。其中，泉州提线木偶戏以闽南方言演唱，唐末五代已在泉州及周边地区流行，历经宋、元、明、清而传承至今，保存700余出传统剧目、300余支曲牌唱腔。独有剧种音乐“傀儡调”（含传统曲牌唱腔、“压脚鼓”“钲锣”等古稀乐器及相应的演奏技法），一整套精湛规范的操线功夫（传统基本线规），以及独具特色的偶头雕刻、偶像造型艺术与制作工艺，构成泉州提线木偶世界领先、独树一帜的艺术特征。2006年，泉州提线木偶戏被列入第一批国家级非物质文化遗产名录。

◇ 布袋木偶“和尚”

蓝头黄脸，头顶有九个戒点，额头有三道浅皱纹，眉骨凸出，铜铃眼，眼珠可转动，宽鼻，垂耳，嘴可自由开合，脸颊有皱纹，留络腮胡，身穿布质无领宽袖长衫，足蹬黑靴。

◎ 清

◎ 通高 29.5 厘米、最宽 26.5 厘米、裙摆宽 22 厘米、面长 5.5 厘米、面宽 3.3 厘米

◎ 泉州市博物馆藏

◇ 布袋木偶“媒婆”

白脸黑发，头梳高髻，额头两边贴两块红布，柳叶眉，细长眼，嘴宽唇薄，嘴可自由开合，左嘴角处有一带毛黑痣，面带笑容。手掌可动。上穿黑色宽袖长布衫，下着黑色长布裤，脚穿红鞋。

◎清

◎通高 34 厘米、最宽 28.5 厘米、裙摆宽 23 厘米、面长 6.5 厘米、面宽 3 厘米

◎泉州市博物馆藏

◇ 布袋木偶“孙悟空”

头戴金黄色紧箍，绿耳红发，脸有彩绘，高额，浓眉大眼，眼含血丝，怒目圆睁，眼珠可上下转动，面部表情凶悍，让人望而生畏。上穿布质黑色宽袖短衣，下着紫色宽裙，足蹬黑色长靴。

◎清

◎通高 30.7 厘米、最宽 24 厘米、裙摆宽 24 厘米、面长 5.8 厘米、面宽 3.7 厘米

◎泉州市博物馆藏

◇ 布袋木偶“鬼丑”

蓝脸橙发，头发中分，浓眉大眼，眉头微皱，双眼怒视前方，嘴宽唇薄，龇牙咧嘴，露出虎牙，下巴微凸，面容凶悍。双手握拳，身穿布质红褐色宽袖长衫，足蹬黑靴。

◎清

◎通高 35 厘米、最宽 24.5 厘米、裙摆宽 23.5 厘米、面长 5 厘米、面宽 3 厘米

◎泉州市博物馆藏

◇ 布袋木偶“杨任”

白脸黑发，头戴冠，高额。两眼洞处各伸出一手臂，并在手掌里绘眼睛。留黑须，须长至腹。身穿布质红色对领长袍，足蹬黑靴。

◎清

◎通高 33.5 厘米、最宽 32 厘米、裙摆宽 21.5 厘米、面长 5 厘米、面宽 3 厘米

◎泉州市博物馆藏

◇ 布袋木偶“孩童”

黄脸黑发，头顶留一簇头发，左边用红绳扎一长辫，细长眉，丹凤眼，嘴角微微上扬，面带微笑，表情天真活泼。上穿宽袖长布衫，下着绿色长布裤，长衫左侧缝有一大口袋，脚穿黑鞋。

◎清

◎通高 28.5 厘米、最宽 25 厘米、裙摆宽 17 厘米、面长 4.5 厘米、面宽 3 厘米

◎泉州市博物馆藏

【延伸阅读】

布袋木偶戏

布袋木偶戏，因其全部行头只用一个布袋装着而得名。又因木偶由木偶头和布袋样的衣服组成，演员用一只手的手指和手掌操纵，又称“掌中戏”。表演时，动作轻快灵活，全身都有丰富细腻的动作，善于刻画人物个性；音乐富有节奏感。

福建布袋戏始于宋元，盛于明清，清末民初发展到高峰。因唱腔不同，分为南派和北派。南派布袋戏流行于泉州地区，唱的是南戏曲牌（傀儡调），表演上采用梨园戏科介。北派布袋戏流行于漳州，唱的是北调，如闽西汉剧、京剧曲调等，表演上采用的是京戏科介。福建的布袋戏剧团曾先后出访亚、欧、美、澳、非五大洲50几个国家和地区，进行文化艺术交流演出。

2006年，晋江木偶戏、漳州木偶戏以及漳州木偶头雕刻被列入第一批国家级非物质文化遗产名录。2008年，江加走木偶头雕刻被列入第一批国家级非物质文化遗产扩展项目名录。

第三节

剧本曲谱

福建被誉为戏曲之乡，存活宋元明清、近现代的剧种达30多个，其中有宋元南戏遗响莆仙戏、梨园戏，有明代弋阳腔系统的四平戏、大腔戏，有清代传入的乱弹系统闽西汉剧、梅林戏、北路戏、小腔戏等，以及滥觞于明清、形成于清末的闽剧、高甲戏等。福建至今保留的戏曲传统剧目共有17000多个，其中莆仙戏就有5000多个、8000多本，均居全国首位。其他较古老的乐种，比如南音，也都保留有大量的曲谱。

◇ 大腔戏剧本《白兔记全本》手稿

纸本，全本53面105页，计32000多字。首页书“白兔记全本桥套齣数开具”“顺治甲申年正月”及全剧的“折名”，字里行间标有插科打诨唱词翻高、滑音、道白等符号；封页背后由左至右书演出场次顺序，及出场角色与扮演者；全本背后书“红绣鞋”作为终结。

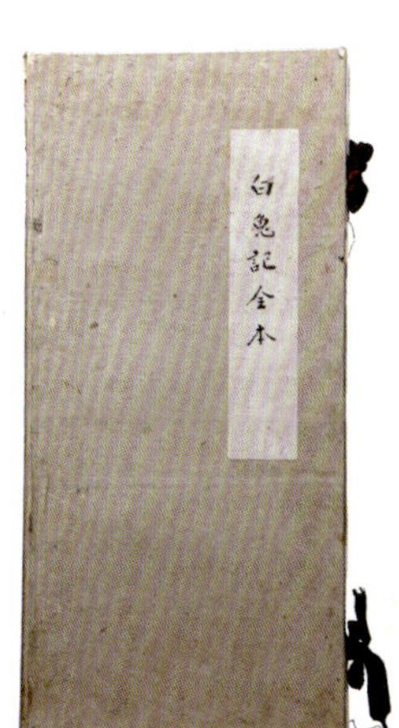

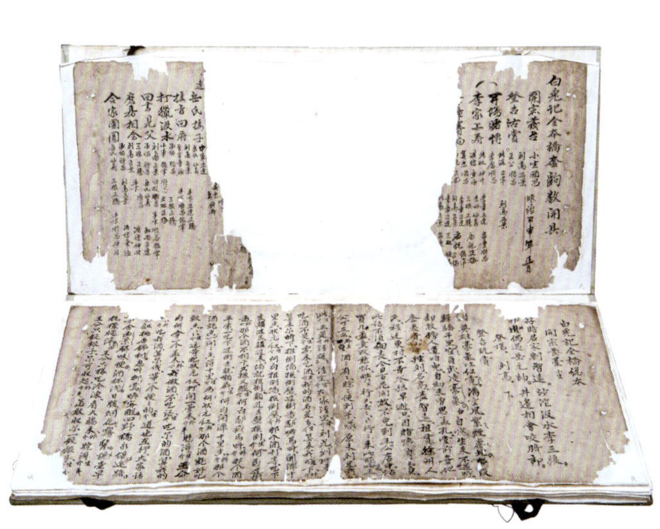

◎明末

◎长56厘米、宽26厘米、厚2.5厘米

◎永安市博物馆藏

【延伸阅读】

永安大腔戏

永安大腔戏，是福建省主要的地方戏曲剧种之一。它形成于明代中期，是弋阳腔的一个流派，是融合了江西弋阳腔、本地的山歌、小调及道士音乐而创立。演员发声以大嗓为主，大小嗓结合，演出中后台不断帮腔，保留着弋阳腔“一人启齿，众人帮腔”的特点。永安大腔戏的传统剧目有100多个，常演的有《白兔记》《金印记》《中三元》《葵花记》《取盔甲》《黄飞虎》《破庆阳》《三代荣》《合刀记》《白罗衫》《月台梦》《卖水记》等。2006年，永安大腔戏被列入第一批国家级非物质文化遗产名录。

◇ 莆仙戏捷兴班《洪会》演出本

这是莆仙戏现存较早、品相保存较好的一个剧本，具有很高的收藏价值及文献价值。剧目讲述了宋仁宗时期，洪会、洪勇兄弟除奸佞、靖四海的故事。最后，洪会、洪勇兄弟同榜高中，一家和乐圆满。

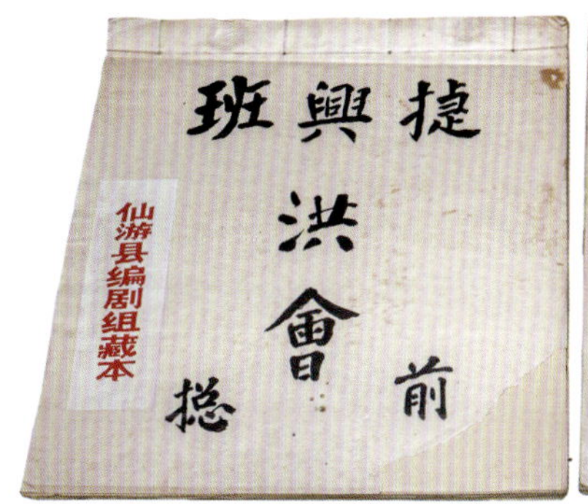

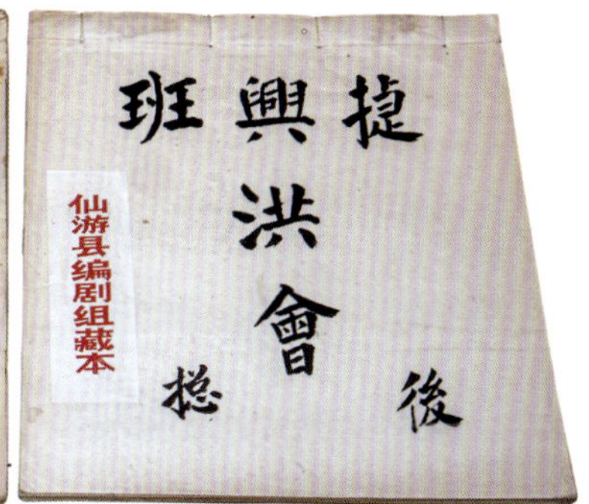

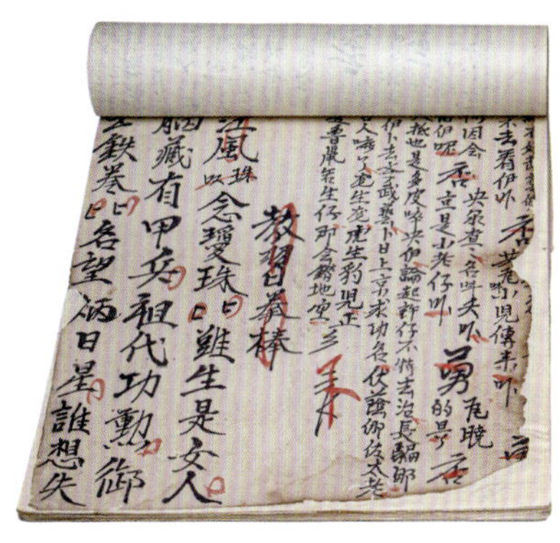

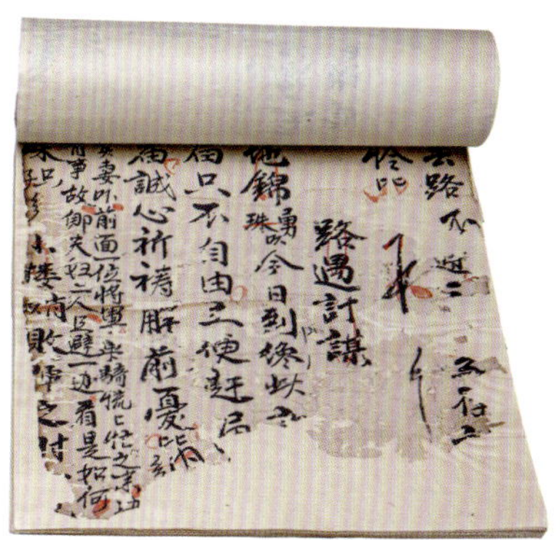

◎ 清咸丰六年（1856 年）

◎ 长 26.5 厘米、宽 24.5 厘米

◎ 福建省艺术研究院藏

【延伸阅读】

莆仙戏

莆仙戏属兴化腔，以莆仙方言演唱，流传于福建莆田等地区，是福建古老剧种之一。它源于唐，成于宋，发展于明清。南宋时兴化戏已较为成熟，之后又吸收弋阳、昆山诸声腔的艺术而不断发展。1954 年，兴化戏正式改名为莆仙戏。莆仙戏有传统剧目 5000 多个，其中保留了《张协状元》《蔡伯喈》《王魁》《拜月亭》《王十朋》《刘文龙》等 80 来个宋元明南戏剧目。音乐为曲牌联套体，所唱曲牌约有 1000 多支，锣鼓经 300 多种。2006 年，莆仙戏被列入第一批国家级非物质文化遗产名录。

◇ 南音民间艺人手抄曲本

共 126 页，每页都有 1 ～ 3 个不等的“黄牡丹印”印款。共收入曲谱 21 套。首页记载“南京黄记牡丹字金丹住在州顶街癸丑年见置”。第二页绘有四幅彩色插图，分别为“金井梧桐”“赴赏花灯”“一纸相思”“照见”。曲词含有“六、工、乂、思、一、土、下”等谱字及“○、丶、×、∠”等寮拍记号。

◎清

◎长 17.8 厘米、宽 17 厘米、厚 1 厘米

◎泉州市博物馆藏

◇ 梨园戏《荔枝记》剧本

为上、下册合订本。书由封面、目录、正文三部分组成。上册有 25 章，下册 26 章，共 51 章。全书共有 7 幅插图，其中上册有“送兄饯行”“伯卿游街”“伯卿磨镜”“代捧盆水”4 幅插图，下册有“益春留伞”“私会佳期”“鞠審姦情”3 幅。

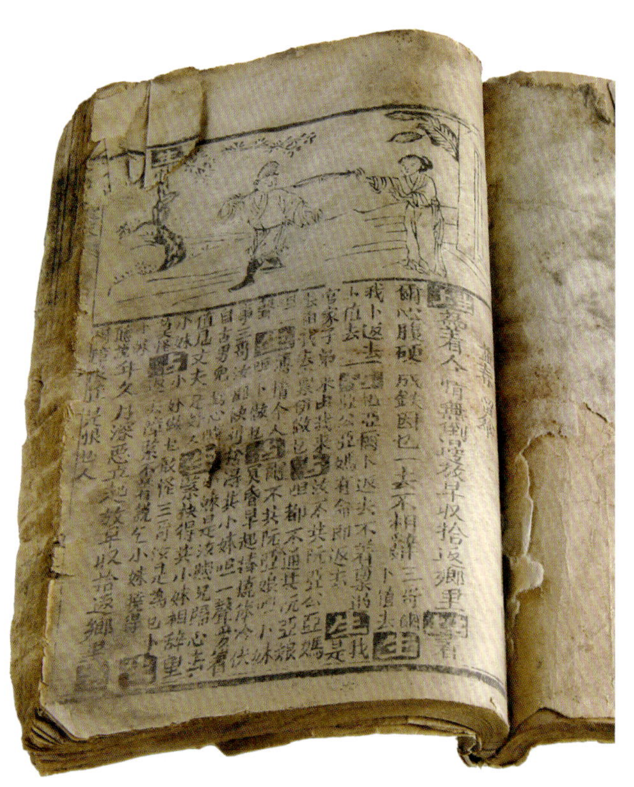

◎清光绪十年（1884 年）

◎长 17.4 厘米、宽 11.7 厘米、厚 1 厘米

◎泉州市博物馆藏

【延伸阅读】

梨园戏

梨园戏属泉腔，以闽南方言演唱，广泛流播于福建泉州、漳州、厦门，广东潮汕及港澳台地区，还有东南亚各国闽南语系华侨居住地。梨园戏形成于宋元时期，保留了诸多宋元南戏剧目以及脚色体制、音乐体制、演出形式等诸多元素，被誉为“古南戏活化石”。其代表性的传统剧目有《王魁》《蒋世隆》《朱文走鬼》《郭华》《郑元和》《吕蒙正》《陈三五娘》等。2006年，梨园戏被列入第一批国家级非物质文化遗产名录。

◇ 许氏珍著《奉劝世间宣讲戏文》石印本

手抄线装本，单框单边，每半开 10 行左右，每行 30 字左右。文中记载时间为“光绪丙戌岁季夏之月”。唱本中的内容包括木偶戏排楼布置，木偶剧《古庙咒媳》《大团圆》《现眼报》等 9 部戏文，以及编著此书籍时的捐资人员、款项等内容。

◎清光绪十二年（1886 年）

◎长 22 厘米、宽 11 厘米、厚 1.5 厘米

◎中国闽台缘博物馆藏

◇ 闽西汉剧《双状元》庆荣号抄本

全剧共 23 出。故事内容为：张元伯路遇劫匪，得范巨卿相助，两人结拜为兄弟。在家苦读的张元伯忘了范母的寿诞，气绝身亡。幸亏范巨卿得了一膏药让张元伯起死回生。为报答救命之恩，次年张元伯用范巨卿的名字中了状元。皇帝被他们的兄弟情谊所感动，封张元伯为仁义状元、范巨卿为阳德状元。

◎清同治二年（1863 年）

◎长 20 厘米、宽 23.4 厘米、厚 0.4 厘米

◎中央苏区（闽西）历史博物馆藏

◇ 闽西汉剧《景阳岗》罗纪藩号抄本

全剧共 31 出。故事内容为：武松探望哥哥武大郎的途中，在景阳岗为民除害，打死一猛虎。打虎后，他成了县里的都头。在武松一次外出时，哥哥被嫂嫂潘金莲与奸夫西门庆毒死。武松为哥哥报仇后，被发配充军。梁山起义军领袖宋江派人去营救。最后，武松上了梁山。

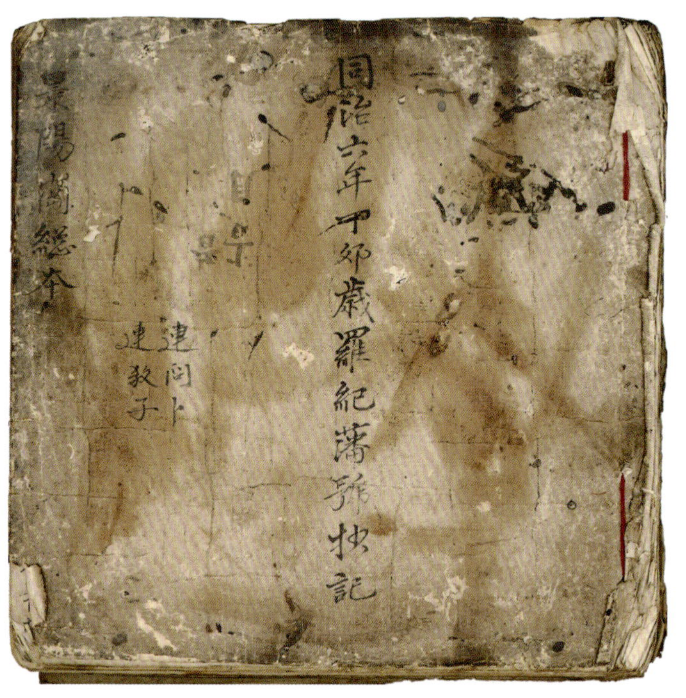

◎ 清同治六年（1867 年）

◎ 长 24.5 厘米、宽 25 厘米、厚 0.9 厘米

◎ 中央苏区（闽西）历史博物馆藏

【延伸阅读】

闽西汉剧

闽西汉剧是福建省主要的地方戏曲剧种之一，属西皮、二簧声腔体系，旧称外江戏，亦称乱弹，主要流行于闽西、粤东、赣南、闽南、台湾等地，影响遍及东南亚地区。清代乾隆年间，乱弹流入闽西后，不断吸收当地方言和民间音乐，于嘉庆年间逐步演化成闽西本地的地方戏曲剧种。闽西汉剧可查的传统剧目总数有800多个，代表性剧目有《醉园》《兰继子》《时迁偷鸡》《臧眉寺》《审六曲》《洛阳失印》《百里奚》《大闹开封府》《二进宫》等。2006年，闽西汉剧戏被列入第一批国家级非物质文化遗产名录。

第四节

戏曲服装

在长期的舞台演出中，福建戏曲服装形成了程序化、装饰化、地域化的风格。如高甲戏的女丑，身穿大红袄，配黑裤或黑裙，脚蹬红色公鸡鞋，有鲜明的剧种个性；莆仙戏的白绫袄一服多用，可作扮鬼魂、戴孝或含冤坐牢女子的装束，还可配合各色背心穿着，扮演各种身份、类型的妇女……这些遗留至今的戏服，是福建戏曲音乐发展的重要见证。

◇ 梨园戏红涫

此件红涫保存完整，圆领，大襟，在戏曲表演中作为身份尊贵的男性人物衣服。

◎ 清

◎ 衣长 130.5 厘米

◎ 福建博物院藏

◇ 梨园戏绣花鞋

平底，鞋口中间处有一橡皮筋制鞋带，右脚鞋面及鞋底有修补。鞋面为红色绸缎，里衬为白色布质，鞋头为椭圆形。从鞋头到鞋跟都有用白色丝线绣上繁复的花纹，刺绣精美，做工讲究，针脚细密。鞋口边缘镶着一条红色滚边。

◎清

◎长 22.9 厘米、宽 7.8 厘米、高 5 厘米

◎泉州市博物馆藏

◇ 梨园戏鸡公鞋

鸡公鞋，又称“凤冠鞋”，平底，系有鞋带，鞋尖往上翻翘，呈“回头”状，形如凤嘴。鞋头为绿色绸缎，鞋面为红色绸缎，里衬为白色布制，鞋口及帮口边缘镶有蓝色滚边。鞋面用彩色丝线绣有花卉纹，色彩艳丽。整双鞋看起来层次分明而不失庄重。

◎清

◎长 20.2 厘米、宽 7.7 厘米、高 5 厘米

◎泉州市博物馆藏

◇ 梨园戏肚兜

手工制作，有4条红色布系带，上面两条系于脖颈，下面两条系于腰间。衣面为紫色绸缎，里衬为白色布制，上窄下宽。肚兜上端用红、黄、蓝、绿等彩色丝线绣有牡丹花及卷叶纹；肚兜左下角绣有一绚丽多彩的孔雀及花草纹，孔雀回头凝望，眼神专注，栩栩如生。整体刺绣精美，针脚细密。

◎清末

◎长61厘米、宽52.5厘米

◎泉州市博物馆藏

◇ 梨园戏员外服

衣面为黄褐色绸缎制，里衬为白色布制。无袖，合领对襟开叉，身长过膝。领边用黄丝线绣有三个对半分开的寿字纹，并点缀云龙纹。袖口绣有勾云纹。衣面及衣背各绣有 3 个大的圆形寿字纹，每个寿字纹周边均有一圈呈“展翅高飞”状的蝙蝠纹围绕着，极为精美。

◎ 清末

◎ 长 144.5 厘米、宽 61 厘米

◎ 泉州市博物馆藏

◇ 梨园戏女裙

由两块大小、形制、纹饰完全相同的裙身缝在布质腰带上制成。裙面为绿色绸缎制，里衬及腰为白色布制。腰两段系带。裙身由上至下渐宽，正中绣有 3 朵花卉纹，纵向排列；花卉纹周边绣一圈不规则几何纹；裙边绣有一圈寿字纹，共 21 个，为 11 个变形寿字纹和 10 个圆形寿字纹相间而成。刺绣手法细腻，图案精美。

◎清末

◎裙长 76 厘米、裙摆宽 83 厘米、腰高 8.8 厘米、腰周长 67.5 厘米

◎泉州市博物馆藏

◇ 高甲戏靠

该靠为武将服装，分成前后两扇披在身上。肚子处是一块比腰围要宽的长方形的带子，叫靠肚子。靠肚子绣有凸出来的虎头，虎眼为布绣。在双肩也绣有凸出来的虎头，虎眼为铜铃装饰。

◎ 清末

◎ 衣长 130.5 厘米

◎ 福建博物院藏

【延伸阅读】

高甲戏

高甲戏，又称“九角戏”“戈甲戏”，用闽南方言演唱，流播于闽南、台湾地区和东南亚华侨聚居地。它孕育于明末清初，早期只是闽南民间装扮“水浒传”人物的化装游行；随后演变成专演宋江故事的业余戏班，时称“宋江戏”。至清末，形成有自己独特风格和传统的地方剧种。高甲戏角色表演具有鲜明的地方色彩和浓郁的生活气息，丑角表演尤具特色。保存有600多种传统剧目，大都来自京剧、木偶戏、布袋戏及部分梨园戏。2008年，高甲戏被列入第一批国家级非物质文化遗产扩展项目名录。

◇ 闽西汉剧黄马褂

此黄马褂是闽西汉剧的特色服装，为对襟、有袖上衣，在戏曲表演中作为皇家侍卫服装。

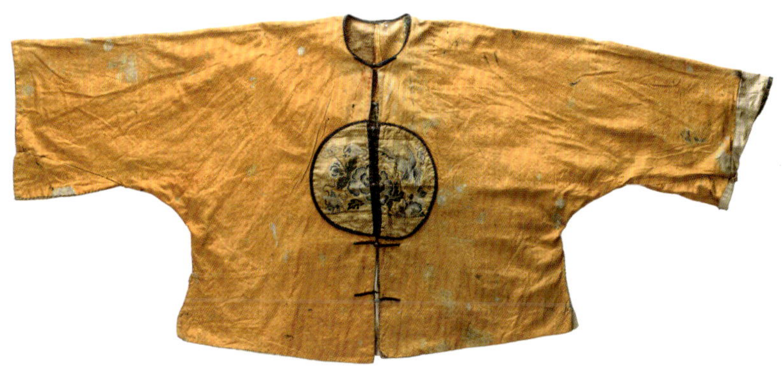

◎ 清末

◎ 衣长 64 厘米

◎ 福建博物院藏

古戏台

福建古戏台（棚）的搭建始于宋代。早在北宋，福州就有在上元节张灯结彩、结架棚台演出的传统。南宋时，漳州也有搭棚演出的先例。明清时期，随着民间宫观社庙、祠堂的增长，为了敬祖娱神，固定戏台数量也随之倍增。留存至今的福建古戏台众多，其中大部分为清代建筑。一些戏台的墙壁上墨书有当时戏班演出的剧目及演出时间等，是研究中国戏曲音乐史、剧场史的活化石。

◇ 福州凤洋将军庙戏台

位于福州市晋安区鼓山镇远东村，始建于明嘉靖年间（1522～1566年），清末重建。戏台为木构，栏板绘有38幅《三国演义》故事图。戏台前为拜亭，符合宫庙戏台“先娱神，再娱人”的建筑布局。戏台东侧有清道光二十一年（1841年）“铺路碑”，又名“罚戏碑”。该碑明文规定：“路边不得私创火堆，住集粪草。不遵规者，先罚后撤，罚戏一台。”这样的“罚戏碑”，在福建地区极为少见。

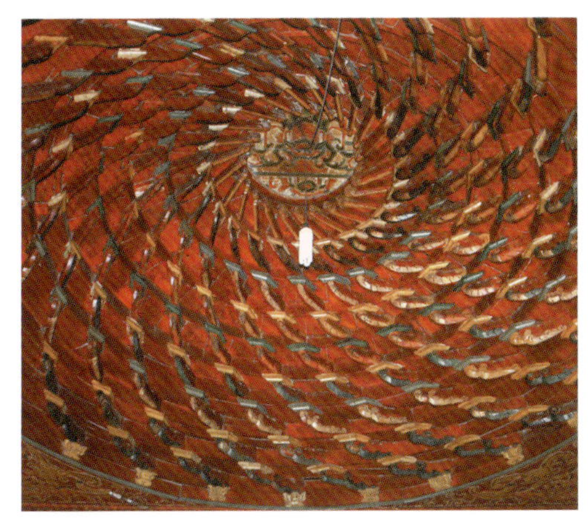

▲ 福州凤洋将军庙戏台·藻井

▲ 福州凤洋将军庙戏台

◇ 永定天后宫戏台

位于龙岩市永定区高陂镇西陂村，建于明嘉靖二十年（1542 年）。戏台设于西陂天后宫内。天后宫祀妈祖、关公、文昌神等。戏台坐南朝北，面对大殿。戏台与大殿间隔有宽阔天坪。戏台楼上厢房墙壁上墨书有清道光年间（1821 ～ 1850 年）湖南戏班楚南班及清咸丰年间（1851 ～ 1861 年）江西戏班在此演出的剧目和演出时间。

▲ 永定天后宫戏台

◇ 闽侯闽越王庙戏台

位于福州市闽侯县洋里乡仙洋村，始建于明代，清代重建。庙内主祀汉闽越王驺无诸。戏台与庙正殿相对应，全木构筑，单开间四柱式。在戏台两侧看楼上方粉墙上绘有《封神榜》《三国演义》等4幅戏文故事彩画，在戏台后墙灰壁上墨书有自清同治十三年（1874年）至1942年在庙内演戏的时间、班名、剧目等文字记录19条，是研究福州民间戏曲文化的珍贵史料。

▲ 闽侯闽越王庙戏台

◇ 霞浦龙溪宫戏台

位于宁德市霞浦县溪南镇半月里畲族村龙溪宫，始建于清雍正八年（1730年）。戏台正中部位台板可以随时拆装，作为祭祀迎神时的通道使用。戏台上方藻井以五层方斗逐级装嵌，效果独特，既是大四方斗，又呈小八角斗，远观为四方藻井，近视为八角藻井。戏台化装更衣间的墙壁上墨书有许多戏班到此演出的剧目和演出时间，最早的是清道光年间（1821 ～ 1850 年）。

▲ 霞浦龙溪宫戏台

◇ 莆田瑞云祖庙戏台

位于莆田市荔城区拱辰街道办事处拱辰社区头亭，始建于明洪武年间（1368～1398年），清康熙五十二年（1713年）扩建。庙祀戏神雷海青，俗称田公元帅。福建省内和台湾地区的一些奉祀田公元帅的宫庙均是由此分灵出去的，是福建较为著名的戏神庙。历史上，凡经过此地的戏船、戏班以及新戏班开台戏，都要在祖庙戏台献演。

▲ 莆田瑞云祖庙戏台

◇ 永安青水戏台

位于三明市永安市青水畲族乡青水村，始建于清雍正二年（1724 年），清光绪二十四年（1898 年）重修。戏台位于青水村与寨兜交界处澄江之上，与永宁桥、灵元宫连为一体，为穿斗式木构架。戏台四周墙壁上至今保留着清代到民国许多古画、古诗和当时戏班名戏挂彩剧目。现在可以分辨出的至少有 10 多个戏班留下的演出剧目，例如大腔戏《白兔记》、小腔戏《双进宫》《满堂红》《乾坤配》《龙凤阁》等。

▲ 永安青水戏台

第六节

宗教乐器

福建自古多宗教，道教、佛教、伊斯兰教、基督教或沿陆路或循海道相继传入，婆罗门教、摩尼教、印度教、景教和犹太教等也曾在局部地区风行一时。上述各教在流传衍化中兴衰更迭，遗留下了各式宗教乐器。

梵钟

梵钟，击奏乐器，又称大钟、吊钟、撞钟、洪钟、鲸钟。钟腔横截面为圆形，口沿为平口或曲口，钟体呈直筒状、馒头状或喇叭状，形体硕大，顶部设有钟钮。一般单件使用，通过撞木敲击发单音。南北朝时期已有梵钟出现；唐代梵钟式样繁多，分布广泛；宋元时期，铁梵钟比较常见，表面多铸有佛偈和祈祝内容；明清时期是梵钟铸造的鼎盛时期，钟钮千姿百态，钟体纹饰多样，铭文内容丰富。梵钟主要用于佛教寺庙，在报时、集众、举办法会、接应高僧等情况下使用。福建佛教盛行，遗留下数量众多的梵钟。许多梵钟刻有铭文，对于研究当时的社会文化、宗教历史有一定的文物价值。但梵钟并非专用于佛教，道观以及钟楼也悬挂梵钟。

福建古代主要梵钟概况表

序号	名称	时代	尺寸	图片	收藏单位
1	莆田新县镇钟	五代	通高 28.9 厘米 钮高 4.3 厘米 于口径 17 ～ 19 厘米		莆田市博物馆
2	净慈禅院钟	南宋绍兴二年（1132 年）	通高 140.0 厘米 钮高 23.0 厘米 于口径 80.5 厘米		泉州开元寺佛教博物馆
3	永兴院钟	南宋绍兴十三年（1143 年）	通高 89.0 厘米 钮高 14.0 厘米 于口径 54.0 厘米		三明市沙县区博物馆
4	将乐梵钟	宋代	通高 15.8 厘米 钮高 1.5 厘米 于口径 12.0 厘米		将乐县博物馆
5	泉州布金院钟	元至正二十四年（1364 年）	通高 182.0 厘米 钮高 31.0 厘米 于口径 105.4 厘米		泉州开元寺佛教博物馆
6	长泰祥光寺钟	明洪武十二年（1379 年）	通高 143.0 厘米 钮高 25.5 厘米 于口径 87.0 厘米		长泰县博物馆

序号	名称	时代	尺寸	图片	收藏单位
7	泉州崇福寺钟	明洪武二十年（1387 年）	通高 185.0 厘米 于口径 135.0 厘米		泉州崇福寺
8	上杭东塔寺钟	明永乐四年（1406 年）	通高 110.0 厘米 钮高 18.0 厘米 于口径 80.0 厘米		上杭县博物馆
9	郑和钟	明宣德六年（1431 年）	通高 69.0 厘米 钮高 14.0 厘米 于口径 49.0 厘米		中国国家博物馆
10	明崇祯辛巳年钟	明崇祯十四年（1641 年）	通高 90.0 厘米 钮高 15.0 厘米 于口径 59.9 厘米		泉州开元寺佛教博物馆
11	漳州府文庙钟	明代	通高 84.0 厘米 钮高 16.0 厘米 于口径 51.5 厘米		漳州府文庙大成殿
12	泉州开元寺甘露戒坛钟	清康熙九年（1670 年）	通高 140.0 厘米 钮高 23.0 厘米 于口径 80.5 厘米		泉州开元寺佛教博物馆

序号	名称	时代	尺寸	图片	收藏单位
13	福州涌泉寺金刚经钟	清康熙三十五年（1696 年）	重约 2000 千克		福州鼓山涌泉寺
14	清流雍正十三年钟	清雍正十三年（1735 年）	通高 68.0 厘米 钮高 6.8 厘米 于口径 56.0 厘米		清流县博物馆
15	松溪举上村钟	清乾隆五十九年（1794 年）	通高 96.0 厘米 钮高 13.0 厘米 于口径 66.0 厘米		松溪县博物馆
16	鄞江馆钟	清嘉庆十五年（1810 年）	通高 100.0 厘米 钮高 14.0 厘米 于口径 75.0 厘米		南平市博物馆
17	林国瑞造钟	清道光十二年（1832 年）	通高 123.0 厘米 钮高 15.0 厘米 于口径 82.0 厘米		将乐县博物馆
18	鹿港郊公置钟	清道光十七年（1837 年）	通高 100.0 厘米 于口径 59.5 厘米		中国闽台缘博物馆

序号	名称	时代	尺寸	图片	收藏单位
19	宝民堂造钟	清道光十九年（1839 年）	残高 11.5 厘米 钮高 6.8 厘米 于口径 10.0 厘米		宁德市蕉城区博物馆
20	东山关帝庙钟	清咸丰元年（1851 年）	通高 118.0 厘米 于口径 73.0 厘米		东山县东山关帝庙
21	南安金鸡桥钟	清咸丰九年（1859 年）	通高 86.0 厘米 钮高 10.5 厘米 于口径 57.3 厘米		泉州开元寺佛教博物馆
22	贺公古庙钟	清同治元年（1862 年）	通高 63.2 厘米 钮高 18.2 厘米 于口径 43.8 厘米		南安市文物管理委员会办公室
23	寿山庵钟	清同治十三年（1874 年）	通高 86.0 厘米 钮高 25.0 厘米		浦城县博物馆
24	泉州龙宫庙钟	清光绪二十年（1894 年）	通高 86.0 厘米 钮高 12.0 厘米 于口径 70.0 厘米		泉州开元寺佛教博物馆
25	莆田钟	清代	通高 32.7 厘米 钮高 8.5 厘米 于口径 17.7 厘米		莆田市博物馆

数据来源：《中国音乐文物大系》总编辑部：《中国音乐文物大系 II：福建卷》，大象出版社，2011 年。

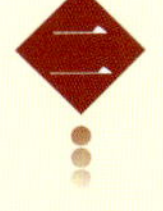

铜铃

古代铜铃，既是乐器，也是重要的宗教器物，常悬挂于寺庙、宝塔、教堂、屋宇等檐下；有时也可以手持，作为宗教仪式法器使用。

◇ 风铃

为泉州开元寺檐下风铃。圆拱形顶，顶上有钮，钮上有系绳圆孔，五瓣花形口微外撇，钟内顶有一钮以系铃铛，口沿外加厚一圈。胎体厚，叩之声音清脆。器身上錾刻“开元寺”三字。

◎清

◎高约 18 厘米、口径约 13 厘米

◎泉州海外交通史博物馆藏

◇ 金刚铃

中间有舌，手摇发音。青铜质，柄呈金刚杵状，铃身饰蝙蝠、连珠、莲花等纹样。金刚铃为佛教传统法器，也是佛事活动的专用仪轨乐器。

◎清

◎高 27.6 厘米、底径 10.8 厘米

◎华侨博物院藏

◇ 铜铃

1982年出土于建瓯市南雅镇南布村。铃身呈垂钟形，为有柄的小钟，柄为三叉戟。铜铃中间有舌，手摇发音，为宗教法器。

◎清—民国

◎高22.50厘米、口径9.1厘米

◎建瓯市博物馆藏

三 坐磬

坐磬，打击乐器。在北宋时，由于金属铸造技术的发展，逐渐把挂在架上的编磬，改为放置在祭案上的钵形铁磬或铜磬，即坐磬。其用途也随之扩大，开始用于佛教诵经等法事。演奏时，僧侣一边诵经，一边用右手持一木槌敲击磬口边缘发音，音色有如钟声，洪亮而远传。

◇ 铜坐磬

器物整体为黑色，外形和小钵极为相似，口稍敛，底圆，有一小圆孔，外壁铸有 8 个相同字符。叩之声音洪亮，为寺院所用法器。

◎ 明

◎ 高 5.8 厘米、腹径 9.6 厘米、口径 8.5 厘米

◎ 福建博物院藏

云磬

云磬，又称“云牌”“云板”“韵板”，击奏乐器，为寺院所用的法器，常用于宗教音乐。云磬材质多样，有铜质、玉质、石质等。上方正中有一个圆孔，用以拴系绳索吊挂架上或者用手提携。板体刻有线纹、云纹等多种纹饰。板体大小不等，大者可以宽60厘米，小者可能宽10厘米。演奏时，左手扶绳，右手执槌敲击。

◇ 蝙蝠形云磬

石质，悬挂于木架之上。器身镂空，呈蝙蝠及铜钱形图案，寓意“福在眼前”。造型古朴、优美。磬体上部的中间钻有倨孔，用于穿绳悬挂于木架之上。

◎ 明

◎ 磬体高 39 厘米、宽 27.5 厘米、厚 1.5 厘米；架高 68 厘米、厚 5 厘米、宽 35.5 厘米，底长 31.1 厘米、宽 25.1 厘米

◎ 华侨博物院藏

◇ “寿”字纹云磬

石质，表面平整光滑，边沿圆润。云磬外沿琢成八瓣莲花形，上下左右各有一个较大的圆形镂孔。云磬两面中心部位都雕刻一朵团花纹，一面四周装饰4个团花寿字纹，另外一面四周装饰有4个团花纹。

◎ 清

◎ 长36.3厘米、宽30.9厘米、厚2.2厘米

◎ 莆田市博物馆藏

◇ 云磬

略呈如意形，灰褐色，石质细腻，表面平整，近边缘处随形刻一细线。一面刻有“泗滨浮磬”，另一面刻有“金声玉振”。

◎ 清

◎ 残长 25 厘米、宽 33.5 厘米、厚 1.9 厘米

◎ 莆田市博物馆藏

第肆章 大音希声

除了乐器，福建留存有大量与音乐活动有关的器物铭文、乐俑、器皿饰绘、雕塑、雕砖石刻、壁画等图像类音乐文物。相对于较为静态化的乐器实物，图像类音乐文物中所展示的音乐演奏方法和表演场景，营造了相应的音乐文化氛围，使其呈现出“动态”“立体”的画面；另一方面，还在一定程度上与文字史料以及现存的乐器的形制组合和乐队编制等内容相对证、互补。此外，一些音乐图像内容还蕴涵着古人丰富的精神世界。可以说，“大音希声，大象无形”，这些无声之音为我们忠实地记录下古代音乐生活的各个方面信息，是我们认识乐器称谓与功用、古代音乐表演、古代音乐思想等的重要史料，弥足珍贵。

第一节

乐俑

我国古代有俑人殉葬之风。宋代兴起明器殉葬之风，墓中的随葬俑人骤然减少。然而，福建地区依旧保留有俑人随葬的习惯。福建地下出土的千姿百态的乐舞俑人，形成了一种独特的墓葬文化，也为我们今天的音乐研究提供了重要的实物资料。

◇ 青釉女乐伎俑

顶梳中分双发髻。身着敞口束袖开衫，跽坐于地。乐俑右手托着拍板，左手扶着拍板的一角。拍板刻画清晰，共 8 片，上面略薄，下面略厚，并拢在一起。

◎ 五代

◎ 高 15.5 厘米、宽 7.6 厘米、厚 5.9 厘米

◎ 建瓯市博物馆藏

◇ 灰陶戏俑

1974 年出土于三明市革口镇宋墓。这 5 件陶俑都采用捏塑手法制成，服饰纹路、眼眶、胡须等局部系用竹片或其他工具刻画。这组人物陶俑制作虽显粗糙，但人体比例适度，衣纹线条流畅简练，朴实无华，实为一组难得的文物珍品。

◎ 宋

◎ 高约 11.9 厘米、宽约 4.7 厘米、厚约 3.7 厘米

◎ 三明市博物馆藏

◇ 寿山石人物招手戏俑

寿山石制成，刻工简朴，刀法洗练。两戏俑神态栩栩如生，形象逼真，都身着圆领裳，头戴冠，盘膝而坐。其中一人头微低，眉目清晰，面部表情生动；左手高举，指微张，倚于冠；右手自然平放于右腿，左腿架于右腿之上。另一人右手高举，指尖合拢微屈；左手置于盘起的双腿之中，手腕没于盘腿处不可见。

◎宋

◎高 6.1 厘米、宽 3.5 厘米、厚 2.3 厘米

◎福州市博物馆藏

◇ 寿山石舞俑

1974年出土于福州北郊胭脂山。舞俑用寿山石制作而成，右手残缺，其余部分保存完好。头戴方形幞巾，身着圆领窄袖袍，腰束带垂于腹部。头向左侧视。左手拱于腰间，右手上举紧倚脑后，作站立状。

◎宋

◎高16厘米

◎福建博物院藏

◇ 寿山石舞俑

1973 年出土于福州西山南麓。舞俑保存完好，用寿山石制作而成。头戴幞巾，身穿圆领窄袖长袍。均一手上举、一手横向腰间，作正立姿势。

◎ 南宋嘉定二年（1209 年）

◎ 高 11.5 ~ 11.8 厘米

◎ 福建博物院藏

◇ 寿山石舞俑

1980 年出土于福州西门文林山聋哑学校。舞俑保存完好，用寿山石制作而成。头戴幞巾，身穿圆领窄袖大褂。左手高举，右手拱于腰间，作站立状。

◎ 南宋嘉定十五年（1222 年）

◎ 高 12 厘米、宽 3 厘米

◎ 福建博物院藏

◇ 陶男乐伎俑

盘发，着右衽短衣、裙。双手乐器作吹奏状。紫砂陶质。

◎明

◎高 9.3 厘米、宽 3.4 厘米、厚 3.7 厘米

◎建瓯市博物馆藏

第二节

绘画

在绘画类音乐文物中，内容最古老的要算岩画，它反映了人类群体乐舞现场。除了岩画，各式各样的壁画、漆画、图轴等艺术形象，不但展示了古时绘画艺术的高超技艺，也将许多鲜为人知的音乐艺术形式、形象展示于世，意义非凡。

▲ 华安仙字潭摩崖石刻

▲ 平和城隍庙明末奏乐杂耍图壁画

平和城隍庙明末奏乐杂耍图壁画

所绘内容为闹市一角，共绘有14个人物及一猴一狗，形象生动，刻画逼真。

华安仙字潭岩画

位于漳州市华安县沙建镇汰内村汰内溪下游，存有50多个岩画图像，表现了商周时期氏族部落祭祀娱神的舞蹈场面。

尤溪灵福宫清代戏文壁画

描绘了《圯桥进履》等19幅经典剧目场景，构图灵巧，线条流畅，题材广泛，并配有诗句题咏，是十分珍贵的音乐文物。图为《圯桥进履》《水漫金山》《彩楼记》。

▲ 彩楼记

業佐明王
可彰從此且看興漢
羨君海量寬如許賜

▲ 圯桥进履

內鎖蛾眉
刻待到貴胎生應
金山水任千重湯法
漢雲事最稀奇
白蛇幸遇禪師
士脫危機

▲ 水漫金山

声声慢 心弦动
——福建古代音乐文物

百忍
世同居

华安二宜楼清末音乐彩绘

彩绘之《吉庆富贵》《九世同居》图，其上绘有玉磬、乐队吹奏画面。

▲《吉庆富贵》

▲《九世同居》

◇ 张路设色人物图轴

张路，字天驰，号平山，今河南开封人。明代画家，擅人物，亦能鸟兽、花卉。此图描绘在松荫下，一炉香烟缭绕，一位雅士正在虔诚祈祷，两个童仆站立其后，一人抱琴、一人持香盒侍候。丹顶鹤立于童仆身旁。构图平稳，意境雅致，人物刻画细致传神，造型神态娴静洒脱。署款“平山”。

▲ 张路设色人物图轴

◎明

◎长 152.7 厘米、宽 104 厘米

◎华侨博物院藏

◇ 畲族盘瓠传说奏乐图卷之忠勇王荣归图

盘瓠被视为畲族始祖，因助高辛帝平番有功而被赐婚三公主，并被尊称为“忠勇王”。本图描绘了盘瓠携带儿子、女婿等家人以及文武百官荣归的宏大场面，其中有鼓吹仪仗乐队，蔚为壮观。

▲ 畲族盘瓠传说奏乐图卷 · 忠勇王荣归图

◎ 清光绪年间（1875 ~ 1908 年）

◎ 宁德市霞浦县溪南镇半月里畲族博物馆藏

◇ 贾琛松下弹琴图团扇面

画面左侧绘有苍松，松下右侧有一老翁正在弹琴，他将古琴置于双腿之上，双手按弦，怡然自得。身后有一书童，手持老翁的拐杖，正极目远眺。空中绘一仙鹤，正振翅翩翩飞来。构图简洁，意境雅致。画面左边落款“松下弹琴待鹤归　甲申夏日写奉　益斋七先生大人教正　古吴贾琛”。

▲ 贾琛松下弹琴图团扇面

◎ 清

◎ 长 25.5 厘米、宽 24.2 厘米

◎ 福州市博物馆藏

◇ 陈藻华抚琴图斗方

画面左侧绘一书生，身后置一古琴，为神农式。琴尾旁边有一盆景，盆内梅枝苍劲，枝头春意盎然，梅花朵朵，争先绽放。琴头旁边置一香炉。整个画面构图紧凑，富有情趣。右上款“伯棠仁兄大人雅属　雪斋弟陈藻华”。钤印，白文“臣陈藻华”，朱文“雪斋书画”。

▲ 陈藻华抚琴图斗方

◎ 清

◎ 长 38.3 厘米、宽 27.3 厘米

◎ 福州市博物馆藏

◇ 张䕫设色人物斗方

画面中间绘一如榻的奇石，中间横放一张古琴。一老翁坐在石榻之上，右手长袖遮住部分古琴，黑须飘飘，双目炯炯，极目远眺。右上款“秋水一轮月　闲心三尺桐　筠坡　张䕫”。钤印，白文“茂”，朱文“华”。

▲ 张䕫设色人物斗方

◎ 清

◎ 长 26.5 厘米、宽 21.5 厘米

◎ 福州市博物馆藏

◇ 奏乐图瓷板画

为景德镇瓷板，作为摆件使用。奏乐图为五彩工笔画，图中四个雍容华贵的女子，身着盛装，坐在一亭子内外。亭内一女子立于长案前，双手抚琴，另一女子侧身弹着三弦；亭外一女子低首横吹长笛，另一女子右手敲着皮鼓、左手举着云板。四人各司其职，互为呼应，在四周的山石、栏杆和花卉的衬托下，显得更为恬静优美。

◎ 清

◎ 通高 41 厘米、通宽 28.5 厘米，瓷板宽 20 厘米、高 27.5 厘米 、厚 1.8 厘米

◎ 漳浦县博物馆藏

第三节

画像砖

画像砖，是用拍印和模印方法制成的图像砖，是中国古代墓葬的一种装饰形式。画像砖用艺术雕刻记录了当时的社会生活及习俗，题材丰富，包括农业劳作、音乐舞蹈、亭台楼阁和历史传说等等。

▲ 2006 年 8 月至 12 月，南安市丰州镇皇冠山清理了一批东晋至南朝墓葬，出土大量的模印画像砖。图为阮咸纹画像砖拓片。

◇ 阮咸纹画像砖

墓砖上所绘纹样是“阮咸”。相传西晋阮咸善弹此乐器，因而得名。阮为一种弹拨乐器，又名秦琵琶、秦汉子，是中国最古老的弹拨乐器之一。琴头有短横，表示调弦把；琴颈细长；圆形共鸣箱，箱上有 5 点，上下左右 4 个为声孔，近中心 1 点为弦的支座。整个阮的连接点、线均为阳文。

◎ 西晋元康二年（292 年）

◎ 残长 21 厘米、宽 17.5 厘米、厚 5.5 厘米

◎ 泉州市博物馆藏

◎ 东晋太元三年（378 年）

◎ 其一残长 15 厘米、宽 19.5 厘米、厚 6 厘米，其二残长 16 厘米、宽 19 厘米、厚 7 厘米

◎ 泉州市博物馆藏

◎ 南朝天监十一年（512 年）

◎ 残长 18.5 厘米、宽 20 厘米、最厚 6.5 厘米

◎ 泉州市博物馆藏

◇ 飞天图画像砖

1964 年出土于福清市渔溪镇水涨桥新店村。砖的两面拍印绳纹，砖长的两侧和宽的一侧均素面无纹，宽的另一侧印有一飞天。飞天双髻圆脸，上身赤裸，着长裤，赤足，披飘带。左手前臂向左上屈，五指摊开似施“无畏印”，右手自然垂至腹部，脚后伸而略上弯，上身直仰，臂部、臀部和脚弯构成显著的曲线，舞姿婆娑。

◎ 唐

◎ 长 23 厘米、宽 15 厘米、厚 7 厘米

◎ 福建博物院藏

◇ 乐舞图画像砖

1964 年出土于福清市渔溪镇水涨桥新店村。砖的两平面及长的两侧素面，宽的一侧模印一舞俑。舞俑高挽高髻，身穿长袖开领长服，作舞蹈姿态。

◎ 唐

◎ 残长 19 厘米、宽 17 厘米、厚 7 厘米

◎ 福建博物院藏

第四节

器皿饰绘

古代的生活器皿，比如铜镜、瓷器等，其上常常有表现音乐内容的绘画和雕塑装饰，从侧面描绘了人们的音乐生活。

◇ 真子飞霜铜镜

圆形，荷叶及其上的乌龟构成了镜钮和钮座。钮左侧一只凤凰振翅而舞，右侧一人正在抚琴。古琴一端置于地上，一端置于抚琴之人的膝盖之上。钮的上方有铭文“真子飞霜”。铸镜技艺高超，装饰华美。

◎ 唐

◎ 直径 24 厘米、厚 0.5 厘米

◎ 福建博物院藏

◇ 抚琴引凤图铜镜

铸镜技艺高超，装饰华美。八出葵花，内切圆形。镜面为唐代流行的真子飞霜图案：左方一人置琴于膝前，身前有几案，身后有四竹三笋；右方一只凤鸟振翅翘尾起舞，上有两棵树；钮上为飞翔的仙鹤及云山日出，下为池水山石，池中向上伸展的荷叶和荷叶中的乌龟正好构成镜背中心的钮与钮座。

◎ 唐

◎ 直径 16.2 厘米、厚 0.6 厘米

◎ 闽侯县博物馆藏

◎清

◎高5厘米、口径23.5厘米、足径13.7厘米

◎福州市博物馆藏

◇牧童短笛图瓷盘

盘内绘有牧童吹笛图：一个牧童跨骑在牛背上，赤足，裤脚挽至膝盖，双手持笛，正在吹奏；水牛转睛斜视，双耳微翘，似乎正随着笛声节拍缓缓漫步。整幅画面充满了诗情画意，宛然一幅田园风情画卷。

◎清

◎高31.7厘米、口径15.4厘米、底径17.7厘米

◎厦门市博物馆藏

◇八仙人物罐

罐身绘八仙过海图：铁拐李脚踩铁杖、手执酒葫芦，汉钟离扇着芭蕉扇，吕洞宾身背宝剑，何仙姑手执荷花，蓝采和拿着花篮，张果老骑着毛驴，韩湘子吹箫，曹国舅手执玉板——八仙各执法器，立于滚滚波涛之上，神态怡然自得，正所谓“八仙过海，各显神通”。

◇ 婴戏奏乐图盖罐

画面中绘童子数十人，神态各异，场面热烈。整个画面大体分为划龙舟、状元游街、太子接见三大部分。

◎ 清

◎ 高 22.1 厘米、腹径 22.3 厘米

◎ 福州市博物馆藏

◇ 婴戏图瓷盒

分为盒体与盒盖两个部分。盖面五彩绘画“五子登科”吉祥图案，五子或托冠帽，或持戟，或手拿笙——“笙”同“升”谐音，寓含平升三级的美好祈愿。

◎清

◎高 4 厘米、口径 9.4 厘米、底径 6.6 厘米

◎晋江市博物馆藏

◇ 青花婴戏图瓷瓶

采用青花绘制树木、奇石、房屋、婴孩等纹饰，共同组成了一幅婴戏图。这件瓷器通过对婴孩游戏的描绘，述说了古时人们通过音乐、舞狮等方式，享受安定繁荣的生活，从侧面体现了音乐不是文人墨客的文化专属，音乐在古代生活中随处可见，雅俗共赏。

◎清

◎高 18.5 厘米、口径 3.2 厘米、底径 6.5 厘米

◎仙游县博物馆藏

◇ 青花五彩人物故事图瓷瓶

颈部绘有花卉、花瓶、如意等组成的纹饰，寓意“平安如意”。腹部利用青花与五彩的颜色对比，描绘了古时文人墨客相聚一堂，吟诗作对、弹琴赏乐、鉴赏古画的场景。

◎清

◎高 30.4 厘米、口径 8 厘米、底径 9 厘米

◎仙游县博物馆藏

◇ 玉磬摆件

磬体形状为钝角两边形，磬上方有一木雕双夔龙纹横梁，横梁中央悬挂铜镀金链，其下挂磬。磬除了奏乐、 祭祀的功能外，还发展出了室内陈设的观赏功能。同时，“磬”与“庆”同音，也表达了人们对吉祥、喜庆生活的美好愿景。这件玉磬为单件，是由乐器演化的用于室内装饰的陈设品，极具艺术价值。

◎清

◎长 11.3 厘米、宽 11 厘米、厚 1.2 厘米

◎仙游县博物馆藏

第五节

雕刻构件

音乐艺术不仅体现在舞台上，而且融入到人们的生活中。在福建留存至今的宫殿庙宇、碑塔戏楼、官宦宅邸、民居祠堂等传统建筑和家具中，处处可见反映古人音乐生活内容和场面的精美木刻（雕）、砖雕和石刻（雕）。

▲ 琵琶飞天

泉州开元寺，坐落在泉州市鲤城区西街。始建于唐垂拱二年（686 年），多次重修，是福建规模最大的佛教寺院之一。其中，大雄宝殿和甘露寺戒坛保存有手持南音乐器的伎乐飞天木雕多尊。图为开元寺大雄宝殿伎乐飞天木雕之琵琶飞天、洞箫飞天、三弦飞天。

▲ 洞箫飞天

▲三弦飞天

泉州开元寺元代古印度教石刻，刻有横笛、䥶鼓。

▲ 泉州开元寺古印度教石刻之 Krsna 吹笛图

▲ 泉州开元寺古印度教石刻之 Krcna 摇击鼗鼓图

▲ 泉州开元寺古印度教石刻之 Saiva 摇击鼗鼓图

▲ 伎乐石刻

泉州开元寺东西塔元代伎乐石刻，刻有金刚铃。

清代长乐九头马古民居乐器图木雕构件之月琴及石雕击鼓道童。

▲ 击鼓道童

▲ 月琴

◇ 仙游田圣府戏班木雕门

门上共记有 4 个戏班名称和 28 位班主与演职员姓名，为研究当时莆田戏曲史提供了珍贵的文献资料。

▲ 仙游田圣府戏班木雕门（局部）

◎ 清末

◎ 仙游县博物馆藏

◇ 木雕条案

图案展示了邵武傩舞场面。木雕中的 3 位人物除没戴面具以外，其动作姿势与邵武市大埠岗镇河源村的傩舞动作基本一致。邵武傩舞俗称“跳番僧”“跳八蛮”等，始于宋代，是古人驱疫逐鬼的一种仪式。

▲ 木雕条案（局部图）

◎ 清

◎ 邵武市民俗博物馆藏

◇ 木雕脸盆架

脸盆架嵌有奏乐演戏图案，画面上有人擂动堂鼓，有人吹奏筚篥，气氛热烈。

▲ 木雕脸盆架（局部图）

◎清

◎连江县博物馆藏

◇ 元曲《墙头马上》金漆木雕构件

《墙头马上》是元代剧作家白朴创作的一部著名杂剧，主要描写李千金与裴少俊相爱而私自结合，后李千金被裴父发现赶出，但最终团圆的故事，塑造了敢于反抗封建礼教的李千金这一形象。此金漆木雕展示了男女主人公互生爱慕之情的一瞬间，男主人公勒马回头和女主人公左手遮羞被刻画得惟妙惟肖。

◎清

◎长 26 厘米、宽 35 厘米、厚 4 厘米

◎福建博物院藏

◇ 明传奇《彩楼记》金漆木雕屏风散件

《彩楼记》描写了贫寒秀才吕蒙正在宰相刘懋彩楼招婿时，被刘月娥小姐彩球击中，由此引出一段传奇的爱情故事。此木雕上共刻有7个人物，表现了《彩楼记》中抛绣球场景。

◎ 清

◎ 长36厘米、宽17厘米、厚2.5厘米

◎ 福建博物院藏

◇ 舞狮舞龙图金漆木雕构件

此金漆木雕由两个挂屏构件组成一对。场面宏大，共计有76人，体态、动作各不相同，画面复杂，但有条不紊，主题明确，巧妙地把众多人物刻于一板之上，运用透雕、浮雕技法，以黑色底相衬，凸显画面，再配以红边点缀，作品刻工浑厚圆润，使这组窗屏构件显得稳重、华丽，巧夺天工。

◎清

◎长 40.5 厘米、宽 66 厘米、厚 3 厘米

◎福建博物院藏

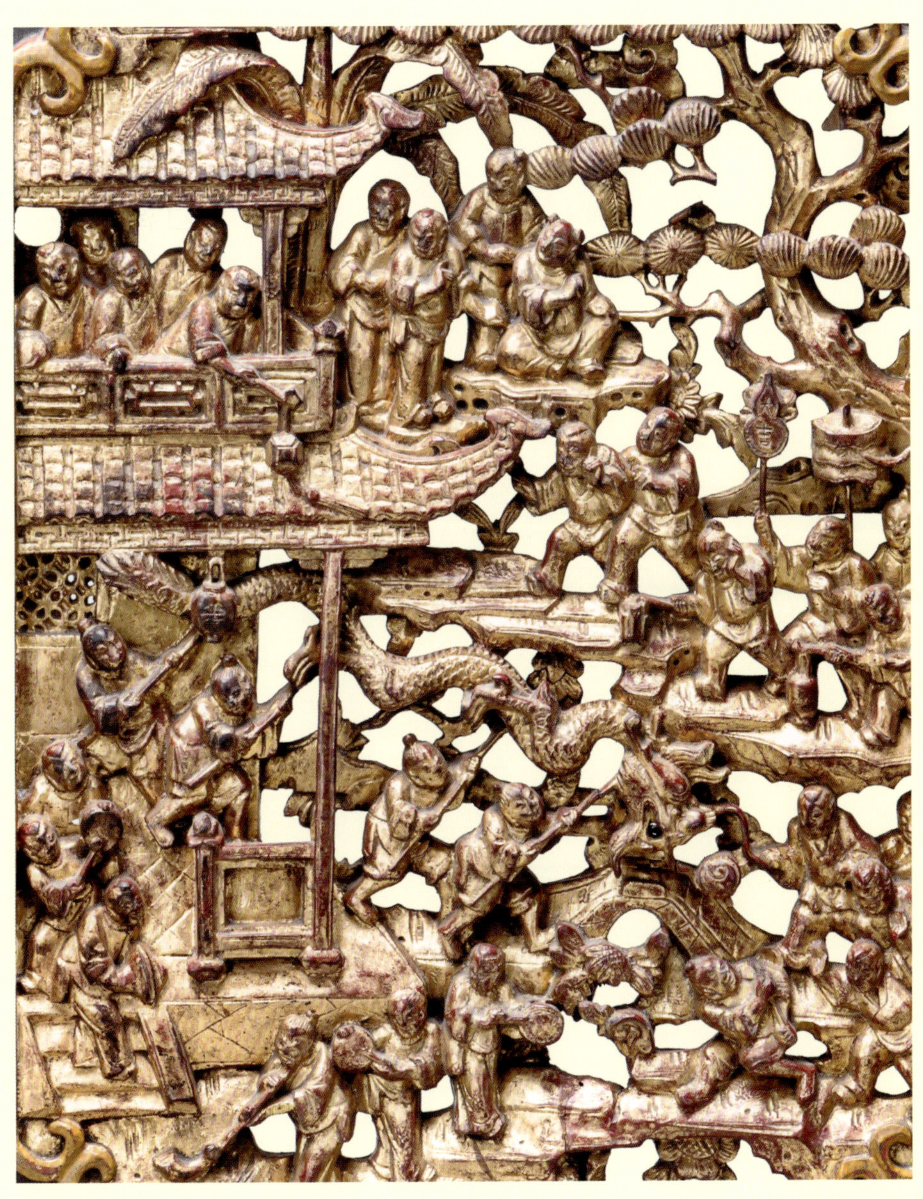

◇ 戏曲《白蛇传》金漆木雕构件

雕刻了《白蛇传》中水漫金山的精彩片段：左下角白蛇手执令旗，青蛇手舞双剑，大水滚滚而来，虾兵蟹将一齐涌上金山寺；右上角法海左手握禅杖，右手托金钵，指挥和尚敲钟击鼓，用袈裟阻挡水势的进攻；中央的多闻天王魔礼红和持国天王魔礼海代表天将前来协助法海。整个画面栩栩如生，玲珑剔透。

◎清

◎长 54.3 厘米、宽 25.7 厘米、厚 5.1 厘米

◎厦门市博物馆藏

◇ 奏乐舞蹈图金漆木雕构件

木雕呈长方形，镂空雕刻。左侧男子右手拿着锣，左手持木棒敲击锣；右侧女子右手拿着鼓棒，左腰别着一腰鼓，边敲鼓边舞蹈，场面十分热烈。

◎清

◎长 24.87 厘米、宽 13.04 厘米、厚 4.09 厘米

◎宁德市博物馆（闽东畲族博物馆）藏

▲ 清代仙游连氏古民居伎乐石刻

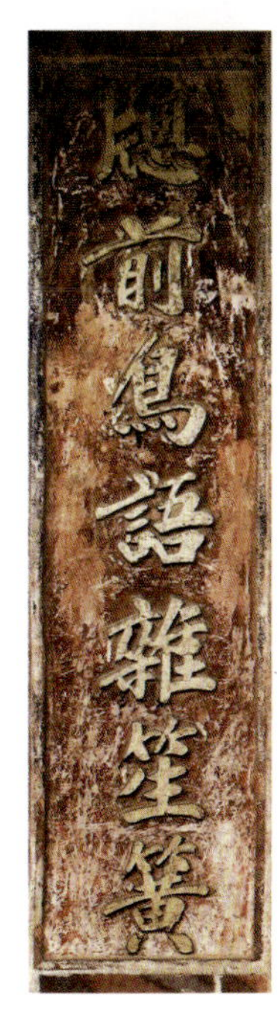

▲ 清代仙游连氏古民居乐器图砖雕之琵琶、拍板、笙、乐联

▲ 清代泰宁伎乐砖雕，泰宁县博物馆藏。雕有伎乐人物 3 位，分别演奏笙、拍板和笛。

▲ 宋代莆田广化寺经幢伎乐石刻。虽然画面大部分漫漶不清，但持乐姿势、击打腰鼓的神态依稀可见。

▲ 宋代莆田广化寺石塔伎乐石刻。刻有梵钟、金刚铃罗汉等。

▲ 北宋长乐圣寿宝塔伎乐石刻。宝塔刻有8幅伎乐，持有排箫、琵琶、笙、箜篌、洞箫、横笛、筚篥、钹、鼗鼓等乐器。

▲ 宋代奏乐飞天经幢石刻，晋江市博物馆藏。飞天双手持拍板，拍板似为四页板。

第六节

音乐名著

福建的音乐理论和乐律研究论著始盛于宋代，元、明、清皆有佳作问世。北宋闽清人陈旸所著《乐书》是我国音乐史上最著名的音乐理论专著之一，也是对北宋以前音乐理论的一次历史性总结。南宋建阳人蔡元定所著《律吕新书》提出十八律理论，解决了三分损益律的转调问题。另有元代余载《韶舞九成乐补》、明代杨表正《重修真传琴谱》、明代李文利《大乐律吕元声》《大乐律吕考注》、明代李文察《李氏乐书》、清代祝凤喈《与古斋琴谱》等大量音乐著作留存于世，对中国音乐理论研究及音乐实践起到了积极推动作用。

◇ 北宋陈旸《乐书》

陈旸(1064-1128)，字晋之，北宋福建闽清人。所著《乐书》全书共二百卷，第一卷至九十五卷，摘录《周礼》《仪礼》《礼记》《诗经》《尚书》《春秋》《周易》《孝经》《论语》《孟子》等书有关音乐的文字，为之训义，阐述儒家的音乐思想；第九十六卷至二百卷，则论述律吕五声及历代乐章、乐舞、杂乐、百戏等。

▲ 北宋陈旸《乐书》(《四库全书》影印本)

参考文献

著作：

1. 福建省群众艺术馆：《福建民间音乐研究（三）》，福建省群众艺术馆，1984 年。
2. 王耀华：《福建传统音乐》，福建人民出版社，2000 年。
3. 福建省地方志编纂委员会：《福建省志·戏曲志》，方志出版社，2000 年。
4. 薛艺兵：《中国乐器志（体鸣卷）》，人民音乐出版社，2003 年。
5. 王子初：《中国音乐考古学》，福建教育出版社，2004 年。
6. 陈荃有：《中国青铜乐钟研究》，上海音乐学院出版社，2005 年。
7. 福建省地方志编纂委员会：《福建省志·文化艺术志》，福建人民出版社，2008 年。
8. 孙星群：《福建音乐史》，中国戏剧出版社，2008 年。
9. 福建省文化厅：《福建非物质文化遗产名录》，海峡文艺出版社，2008 年。
10. 曾遂今：《中国乐器志（气鸣卷）》，人民音乐出版社，2010 年。
11.《中国音乐文物大系》总编辑部：《中国音乐文物大系·福建卷》，大象出版社，2011 年。
12. 蒋廷瑜：《铜鼓文化》，文化艺术出版社，2012 年。
13. 王评章、杨榕：《福建艺术研究论集》，中国戏剧出版社，2013 年。
14. 陈燕婷：《古乐南音》，文化艺术出版社，2018 年。
15. 孙剑：《唐代乐舞》，太白文艺出版社，2018 年。
16. 宁波博物馆：《国之祀典：清代宁波府孔庙祭祀礼乐器》，宁波出版社，

2019 年。
17. 章瑜、许芸芸：《浏阳文庙祭孔音乐》，湖南师范大学出版社，2020 年。
18. 福建古建筑丛书编委会：《福建古建筑丛书·文庙书院》，福建教育出版社，2020 年。

学位论文：

1. 冯卓慧：《商周镈研究》，中国艺术研究院博士论文，2008 年。
2. 郭文茉：《埙的传承与发展研究》，西安建筑科技大学硕士论文，2011 年。
3. 任晓琳：《先秦乐器铜铙研究》，山东大学硕士论文，2011 年。
4. 董喜宁：《孔庙祭祀研究》，湖南大学博士论文，2011 年。
5. 王华：《〈诗经〉乐器"八音"类述》，上海师范大学硕士论文，2011 年。
6. 岳瑞玲：《敦煌乐舞壁画所见乐器——拍板的形式与意义》，西安音乐学院硕士论文，2020 年。
7. 马子月：《先秦两汉琴瑟的礼乐功能与文学意义》，山东大学硕士论文，2021 年。

期刊论文：

1. 陈存洗、杨琮：《福建青铜文化初探》，《考古学报》1990 年 4 期。
2. 林钊：《福建新石器文化与青铜文化概述》，《考古》1994 年 5 期。
3. 程利田：《商周时期福建的青铜文化》，《南平师专学报》1995 年 3 期。
4. 徐心希:《闽越青铜文化特点及相关问题探论》,《福建师范大学学报（哲学社会科学版）》2001 年 4 期。
5. 徐心希：《闽侯黄土仑"土鼓"小议》，《考古》2006 年 1 期。
6. 余奎元、翁亚红：《闽派古琴》，《福建史志》2007 年 3 期。
7. 陈忻：《福建现存孔庙述略》，《福建文史》2007 年 4 期。
8. 沈雷强：《探究埙的历史发展轨迹》，《艺术百家》2008 年 7 期。

9. 邵晓洁:《论音乐实物史料的甄别与使用——兼谈〈中国音乐文物大系〉之相关问题》,《中国音乐》2010 年 3 期。

10. 吴艺娟:《略述泉州府文庙祭孔礼乐器及对相关问题的探讨》,《福建文博》2012 年 3 期。

11. 鲍亦程:《宁波孔庙藏祭祀礼乐器》,《收藏家》2013 年 9 期。

12. 王华璇:《论建瓯市黄科山出土的青铜甬钟》,《福建文博》2014 年 4 期。

13. 陈国珠:《祭孔礼器中的青铜器》,《收藏界 》2014 年 4 期。

14. 徐冰:《建瓯市出土商周青铜器探讨》,《福建文博》2015 年 3 期。

15. 陈国珠:《清代祭孔青铜器》,《收藏》2016 年 5 期。

16. 冯晨晨:《闽南筝派的历史发展与变迁》,《歌海》2016 年 5 期。

17. 张莉:《晚商时期埙的主要类型与音乐特征分析》,《黄河之声》2017 年 20 期。

18. 徐蕊:《周代以降钟镈诸问题探究》,《中国音乐》2019 年 5 期。

19. 叶俊士、鲍亦程:《宁波博物馆藏清代宁波府学孔庙祭祀礼乐器研究》,《文物天地》2019 年 12 期。

20. 褚红轩、高君迎、布明虎 :《孔子博物馆藏清代御赐祭孔礼乐器初探》,《东方博物》2020 年 1 期。

21. 俞珊瑛、张牵牛:《宁波奉化孔庙礼乐器研究》,《文博》2020 年 1 期。

22. 王泽丰:《埙哨同源——从原始社会古埙的尺寸和音响性能看埙的起源与用途》,《歌海》2021 年 6 期。

23. 王英睿:《中国当代筝乐流派之六——福建筝派》,《乐器》2022 年 3 期。

附录

展览掠影

一

展厅照片

本次展览致力于打造红色调、中国风、年轻态的中国式现代化展览。展陈中以中国传统颜色红色为主色调，将福建传统建筑马头墙以及古戏台融进空间设计。整体布局大气，文物陈设错落有致。

▲ 序厅

▲ 第一部分《万籁有声》

1 第二部分《玉振金声》

2 第三部分《绕梁曲声》

3 第四部分《大音希声》

3

①②③展厅一角

二

社会教育活动

针对展览，开展线上线下相结合的社会教育活动。其中，在线下方面，联袂福建省歌舞剧院举办了“乐怀古今——民族乐器演奏会”专场演出，邀请专家作《漫谈福建部分民间特色乐器的前世与今生》《雅乐古韵——浅谈古琴音乐审美》等专题讲座。同时，于2022年5·18国际博物馆日，联合“福建海博TV·直播福建”进行展览直播导赏；开展《古代乐器“六一”趣味大闯关！》《声声慢 心弦动｜乐器成语》以及线上课程《八音乐器知多少》《讲解员带您看最in福建古乐器》等系列线上教育活动，对展览中有特色的古代音乐文物、音乐文化进行故事化、趣味化的演绎和讲解，让古代音乐文物“活”起来，让观众更加深入了解音乐文物。

▲ 线下活动之《漫谈福建部分民间特色乐器的前世与今生》讲座

▲ 线下活动之“乐怀古今——民族乐器演奏会”专场演出

ICOM PRAGUE 2022
福建省歌舞剧院
博物馆之夜
乐怀古今
民族器乐演奏会
主办：福建省文化和旅游厅 福建省文物局

▲ 线下活动之“乐怀古今——民族乐器演奏会”专场演出

▲ 线下活动之《雅乐古韵——浅谈古琴音乐审美》讲座

▲ 线上活动之展览直播导赏

线上教育活动列表

序号	标题	微信二维码链接	推出时间
1	叮咚～你有一份儿童节趣味挑战等待查收！		2022-05-31
2	文化和自然遗产日 丨 讲解员带您看最 in 福建古乐器（一）		2022-06-10
3	讲解员带您看最 in 福建古乐器（二）		2022-06-17
4	声声慢 心弦动 丨 乐器成语		2022-06-17
5	讲解员带您看最 in 福建古乐器（三）		2022-06-24
6	讲解员带您看最 in 福建古乐器（四）		2022-06-30
7	八音乐器知多少 丨 金		2022-06-30

序号	标题	微信二维码链接	推出时间
8	八音乐器知多少丨石		2022-07-08
9	八音乐器知多少丨土		2022-07-22
10	八音乐器知多少丨革		2022-07-29
11	千年回响 时代新音		2022-07-29
12	八音乐器知多少丨丝		2022-08-19
13	八音乐器知多少丨木		2022-08-31
14	八音乐器知多少丨匏		2022-09-16
15	八音乐器知多少丨竹		2022-10-14

三

文创产品

我们深入挖掘福建古代音乐文物的文化特色与内涵，将展览中代表性的文物元素与福建传统大漆工艺、茶文化、香文化、福文化进行“嫁接”，开发制作精美的文创产品。

音乐主题漆盘摆件

音乐主题大漆茶盘

音乐主题大漆耳饰

音乐主题大漆耳饰、胸针

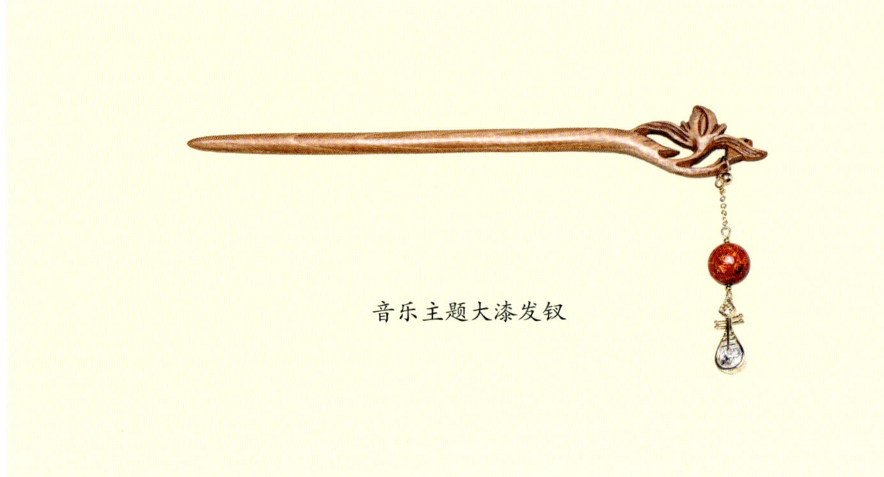

音乐主题大漆发钗

大漆古琴香盒套装

后记 HOU JI

2022年5月17日至10月15日，“声声慢 心弦动——福建古代音乐文物展”在福建博物院隆重举行。而今这本书终于付印，背后无数个日夜的心血，在此刻都化为难忘的回忆！从在万千书海中收集整理资料到撰写展览大纲，从与四十几家博物馆逐一进行借展工作到展览陈列布展，从社会教育活动的策划到文创产品的开发，从展览影像的采集到宣传视频的制作、全景线上展览的推出，往事幕幕，无不凝聚着展览团队的努力和合作。

本书是对此次展览的一次全面回顾，亦是面向未来的一次启程。福建古代音乐文物研究还需要进一步挖掘其历史发展脉络，还需要有更多人投入其中。虽有遗憾，但需要指出的是：本书收录的文物代表了福建古代音乐文物的基本内容和大部分精品，是对福建古代音乐文物的一次集中呈现，也是对福建古代音乐文物进行的一次较为深入的探讨，这是值得被肯定的。

展览的成功举办，图书的如期付梓，得益于福建省文化和旅游厅、福建省文物局领导们的大力支持，得益于书中文物所涉及的 40 余家博物馆及相关单位的鼎力帮助，得益于郑国珍、吴少雄、黄忠钊、张振玉、吴思富等专家的精心指导；得益于展览团队每一位同志的辛勤付出。在此，谨致以最诚挚的感谢！

因编者才疏学浅及研究不够深入，本书一定会有很多不足，尚祈高明不吝赐教。同时，希望本书能抛砖引玉，有助于人们较为广泛、深入地了解福建古代音乐文物，有利于福建古代音乐文化的历史研究与当代认识。如能这样，便足矣！

编 者

2023 年 2 月 7 日